哱囉僧舞

바라승무

BARA — SEUNGMU　　송미숙

바라승무 哱囉僧舞

2024년 1월 9일 인쇄
2024년 1월 16일 발행

저 자 | 송미숙

인 쇄 | 레인보우북스
주 소 | 서울특별시 관악구 신림로 75 레인보우 B/D
전 화 | 02-2032-8800
팩 스 | 02-871-0935
이메일 | min8728151@rainbowbook.co.kr

값 30,000 원
ISBN 978-89-6206-545-9 (93680)

* 본서의 무단복제를 금하며, 잘못된 책은 구입한 곳에서 교환해 드립니다.

I. 바라승무의 이론적 배경

1 _ 전통춤과 승무 그리고 바라승무 6
2 _ 장홍심의 삶과 예술 16
    1) 1914년~1940년: 초창기(춤 입문기) 16
    2) 1945년~1960년대 : 절정기 21
    3) 1970년대 ~ 1994년: 새로운 시작 25
3 _ 장홍심 바라승무의 형성과 전승 30
    1) 장홍심류 바라승무의 역사적 배경 30
    2) 장홍심류 바라승무의 전승과 발전 44

II. 바라승무의 구성형식

1 _ 무복 52
    1) 저고리, 바지 52
    2) 고깔, 행전 52
    3) 장삼 53
2 _ 반주음악 55
    1) 반주음악의 이해 55
    2) 승무 반주음악의 이해 56
    3) 장홍심류 바라승무의 반주음악 59
    4) 장홍심류 바라승무의 반주음악 특징 72
3 _ 무보 74
    1) 긴염불 75
    2) 반염불 87
    3) 느린 허튼타령 93
    4) 자진 허튼타령 113
    5) 느린 굿거리 119
    6) 자진 굿거리 141
    7) 자진 굿거리(바라춤) 154
    8) 굿거리 210

미주 220

I

바라승무의 이론적 배경

1 전통춤과 승무 그리고 바라승무

우리나라는 일제강점기를 거치면서 전통문화예술에 대한 보존과 그 중요성을 인식하게 되었으며, 무형문화의 원형적 형태가 지속적으로 유지·전승될 수 있도록 하기 위하여 문화재보호법을 제정하였다.

그러나 무형문화의 보존가치를 존중하기 위한 초기의 의도와는 달리 무형문화재 지정으로 인해 인간문화재 중심의 전승은 그 외의 미지정 종목 및 무용가들을 상대적으로 소외시키며 대중들에게 멀어지게 하였다.

무용계에서는 문화재 보존정책에 대한 문제점을 인식하고 그 패러다임을 재설계해야 한다는 주장이 대두되기 시작하였으며, 그로 인해 알려지지 않았던 무용가들에게도 서서히 관심을 가지기 시작한 바, 그 대표적 인물이 '바라승무'의 '장홍심'이다.

본래 승무는 불교(의식무), 민속무용, 기방예술 등을 그 기원으로 두고 있는바, 각 기원설들에 대한 논의는 참고문헌이나 승무 관련 자료, 연희자들의 구술 등을 중심으로 전개되고 있지만 어느 특정한 기원설로 분명하게 단정 지을 수는 없다.

민속예술 기원설은 노장과장설, 사찰과 예인 유랑집단설, 성진무설 등이 있으나 노장과장설이 가장 근접하다 할 수 있다. 기방예술 기원설은 승려가 행하던 의식이 사당패와 굿중패들의 연희와 교류하면서 예인들에 의해 하나의 홀 춤으로 승화된 것이라는 주장이다.

승무는 1900년대 이후 극장 무대에서 판소리 명창대회에서 연행되었고 이후 요리집 등으로 옮겨가서 기생조합과 권번 등에서 다른 전통무용 등과 함께 전수되었다. 당시 승무는 남자들이나 재인청 출신에 의해 행해졌는데 대표적인 인물이 한성준이었다.

따라서 승무는 공통적으로 불교에 기원을 두고 각기 다른 유형의 민속과 습합되고 각 지역 및 타 장르의 영역과 결합되어 오늘의 형태로 구성되었다고 할 수 있다. 즉, 승무의 기원은 분명히 '불교(의식)춤'인 나비춤, 바라춤, 법고춤에서 비롯되어 점차 전이과정을 거쳐 오늘날 기방과 재인들이 예인춤으로 변천되어왔다고 할 수 있겠다.

승무는 인간의 자기성찰을 기반으로 한 불교적 윤회사상을 담고 있다. 승무는 현재의 어지러운 마음을 맑게 하고 고요한 열반 속에 해탈의 경지에 도달하여 세상과 몸으로 소통하려 한다. 윤회적 순환의 의미로 승무의 구성 단계의 마지막 과장인 굿거리 과장에서 모든 춤사위를 연풍대로 몰아 원을 그려 돌아가면서 완전한 끝이 아닌 재생의 새로움으로 생성의 단계로 마무리한다.⟨1⟩

일반적으로 승무는 두 가지 춤의 개념을 포함하고 있다. 하나는 불교에 뿌리를 두고 불교의식을 진행할 때 추는 스님들의 의식무 혹은 작법이다. 바라춤, 나비춤, 타주춤, 법고춤 등을 통칭하는 의미로 사용된다. 다른 하나는 근대무용의 한 갈래인 민속무용으로서의 승무다. 현재 이매방류, 한영숙류 등으로 전승되는 승무는 불교의식과 무관하게 무용가들의 무대예술로서 진행된다. 북·징·호적 등을 사용하는 작법의 반주와는 다르게 가야금·해금 등의 민속악기를 반주악기로 사용하고, 춤사위 역시 무당·민속춤의 형태를 대폭 수용한 것이 특징이다.

승무는 우리 전통춤 중에서 정중동과 동중정의 미적, 사상적 특성이 잘 표현되어 있다. 승무는 호흡의 변화를 통해 심오한 깊이와 끈기를 가진 내면적 멋을 불러일으키면서 다소곳이 고깔로 얼굴을 가리고 상하좌우로 조심스런 고개짓으로 정중동의 미를 자아내게 한다는 것이다. 이는 우리 민족 특유의 한을 표상하는 맺힘의 춤사위와 내면적으로 고요히 침잠된 한을 긍정적 에너지로 승화시킨 춤이다.

승무는 몸 밖으로 발산하는 신명을 표현하는 풀림의 춤사위가 적절하게 짜여 있어 예술성이 매우 뛰어난 춤이다. 승무만 터득하면 다른 춤은 저절로 출 수 있다는 말은 승무가 우리춤의 기본으로서 바탕과 특징을 갖고 있음을 말한다. 나아가 승무는 아름다운 움직임과 우아한 자세, 춤, 악기 연주, 구음, 의상 등 전통예술이 보유할 수 있는 다양한 부분을 총체적으로 담고 있는 한국 전통춤의 근원이라고 할 수 있다.

또한 한국적인 멋과 미를 가장 잘 표현하고 있는 춤으로 특히 서구인들에게 있어서는 동양 춤의 응집된 몸짓과 정신세계를 표방하는 춤으로 알려져 있다. 이는 한국 전통춤의 정화(精華)로서 승무의 구성과 형식 등에 우리 전통춤의 모든 요소가 망라

되어 있으며, 소위 한국적 미와 정서 즉, 비장미, 숭고미 그리고 수련미까지를 가장 함축적으로 표현하고 있기 때문이다.

다른 한편으로 승무는 수양의 과정을 통해 이상적 존재를 지향하는 것을 내용으로 하고 있으며 승무라는 명칭도 수도승의 구도 과정을 표현한 것이다. 불교무용으로서 승무는 불교의식에서 불교음악과 함께 스님들에 의해 진행되며, 작법(作法)·작법무(作法舞)·법무(法舞)·승무(僧舞)라고도 한다. 보통 몸·입·생각을 통하여 삼업(三業)의 이치를 되새기는 한편, 깨달음을 향한 수행의 몸짓이기도 하다. 또한 음악(염불)과 어우러져 불교의 가르침을 전하여 중생을 깨달음으로 이끄는 역할을 한다. 즉 불교무용은 시각과 청각을 통한 깨달음의 몸짓이자 일체중생을 깨달음으로 인도하는 불교 교화의 방편인 것이다.⟨2⟩

즉, 승무는 단순한 춤의 연속이 아닌 어떤 의미의 진행과정을 지니고 결정을 향해 춤을 추어간다. 희곡이나 시나리오 같으면 구체적인 내용이 스토리 전개나 구성이 있겠지만 승무는 무언의 상징적 춤 언어로 다양한 변화(장단가락)을 보이면서 전개되어 간다.⟨3⟩

불교 경전의 표현매체로서 승무는 '불교의식을 진행할 때 부처님 진리의 말씀을 몸동작을 통해 공양 올리는 스님들이 추는 무용에 대한 총칭'이라고 할 수 있다. 따라서 불교의식으로서 승무는 불교의식을 보다 장엄하게 하는 한편 신앙심을 고취시키는 역할을 하고 있다.

예를 들어 풀고 강하게 맺는 승무의 춤사위는 간결하고 강한 생명력이 내재되어 마음속의 혼을 한곳에 모아 절제하는 미의식으로 다른 승무에 볼 수 없는 특색적인 미를 갖는다. 이로써 춤사위 기법이 다양하고 장단의 변화와 함께 장삼의 놀림⟨4⟩이 아름답게 이루어지며 내면적 멋과 흥을 은연중에 풍기는 예술적 가치가 높다고 할 수 있다. 이로서 승무는 한국 전통춤의 춤사위 중에서 가장 미학적으로 다듬어진 기법을 각기 다른 장단가락에 실어 장삼가락으로 분출하는 아름다움을 지니고 있는 것이다.

또한 춤사위의 장삼에서 남겨주는 여운은 눈에 보이지 않는 상상력을 통해 감성과 오감을 자극하며, 마치 휘몰아치듯 빨라지는 북소리는 모든 고통에서 벗어나는 혼합 감정을 통해서 자아 초월의 경지를 보여준다. 휘몰아치듯 빨라지는 북소리는 모든 고통에서 벗어나는 혼합감정을 통해서 자아 초월의 경지를 보여준다.⟨5⟩ 때문에 북놀이는 죽과 구레(각과 궁편)로 대삼소삼(크게 적게)의 조화를 이루는 가운데 다양한 가락을 창출해 내면서 관객을 이끌고 자신도 함께 몰아지경에 이르게 되는 승무의 클라이막스라고 할 수 있다.⟨6⟩

이처럼 승무는 세속의 번뇌를 잊기 위해 추어지는 숭고한 몸부림이 예술적으로 승화된 것이다. 이로써 반복적인 생사윤회를 통해 인간이 저지르는 무수한 업을 열반으로 해소하기 위해 진리들을 깨우치는 필사의 수행을 한다.

승무의 간결한 동작소들과 정중동의 춤사위들은 신비로운 숭고미를 보이며 여백의 아름다움에서 나오는 가장 강렬한 정서라 할 수 있다. "한국 전통예술은 자연과의 합일을 추구하며 자연에 의지로 자아 초월을 추구, 또한 무한대의 가능성도 내포하면서 한과 신명이라는 혼합감정으로 표출됨으로써 동·서양의 보편적인 미적 범주인 숭고미를 조성해왔다."⟨7⟩ 이는 예술을 통한 해탈이며 정화이며 수행의 모습이다. 승무를 추는 과정에서 우리는 한국적 문화예술의 세계를 경험하는 것이다.

또한 승무의 움직임은 답지저앙(踏地低仰)을 바탕으로 승무의 아름다움을 완성한다. 정중동의 예술정신을 바탕으로 하는 승무의 춤사위는 춤의 본질을 나타낸 것으로 무극의 상태, 혹은 중용을 취하기 위한 몸과 마음의 작용을 말하는 것으로 볼 수 있다. 또한 '승무'에서 발현되는 성과 속은 융합이란 바로 '성스러운 성의 세계에 다가가고자 하는 인간의 욕망 표출의 몸짓'이라 할 수 있다.

자연스러운 운동미와 깊이 있는 정신적 의미, 우아하고 격조 높은 의상, 그리고 고요하면서도 수려한 음악으로 이루어져 있다. 춤에서 북을 치는 과정을 통해 모든 번민을 극복하려는 구도의 의지가 돋보이는데, 이를 빨라지는 북장단으로 번뇌와 갈등에서 벗어남을 표현하고 있다. 이와 같이 승무의 음악은 춤동작을 해설해주고 장면을 연결해주며 카타르시스의 순간에 이르도록 시간과 공간에서 무용과 함께 한다. 음악을 통해 관객은 무용을 이해하고 작품이 주는 이미지를 좀 더 쉽게 인식할 수 있게 된다.

특히 승무에서의 장삼이 휘날리는 모습은 마치 사무친 한에 대한 격렬한 몸부림과도 같다. 이애주는 춤에 한국은 전통문화와 숭고한 정신성을 담아 혼신을 다해 춤을 추면 한의 감정이 승화됨⟨8⟩을 느낄 수 있다.

한영숙의 승무는 소박, 절제의 미에 철학적인 면과 정신적인 면을 보이며 무상(無想)의 춤 미학을 표상한다. 춤사위는 한국 전통춤의 백미로 꼽을 만큼 질량의 확장성이나 공간의 구성미가 인간 내면의 아름다움의 미학의 경지로 승화시킨다.

이매방류 승무는 종교적 의미나 의식적인 내용보다는 음악적 의미나 예술적 가치를 높게 부여하고, 거칠고 해학적인 것보다는 우아하고 표현적인 춤으로 다듬어 놓은 것이다. 전국을 무대로 전통무용을 섭렵하면서 익힌 춤 솜씨와 전라도 기본 가락을 혼합하여 구시대적 전통에만 머물지 않는 새로운 경지를 창출해낸 것이라 하겠다. 이로써 삼현육각 반주형태에 정중동이 적절히 배합된 대표적 춤의 하나를 이루었다.⟨9⟩

흑장삼에 백색 고깔을 쓰고 나온 이매방의 승무는 즉흥적인 감흥이 압도적이었다. 버선발에서만 얻어질 수 있는 발뒤꿈치의 유연한 돌림과 발끝을 서로 바꾸어 가며 장단의 강약을 섞는 우리 춤의 전형적인 발 맵시, 그리고 상체의 힘 있고 풍성한 동작과 어우러짐의 묘미, 슬픔을 초월한 순간을 동작 하나하나에 정성스레 표현해내는 황홀한 경지로부터 이루어지는 춤사위는 인간 본연의 심성과 하늘을 우러러 빌고 바랬던 종교적 심성이 승무에 내포되어 있음을 느끼게 해준다.

옷맵시의 아름다움을 고깔의 가장자리에 나타난 뾰족한 선과 버선코에 나타난 오똑한 선은 야무진 매무새, 고깔 속에 가려져 있다가 언뜻언뜻 보이는 다소곳한 표정미는 우아함과 가냘픔, 순결함을 나타내며, 남색치마 사이로 고개를 내미는 하얀 버선코는 고움과 더불어 성적 매력까지 느끼게 한다.⟨10⟩

뿐만 아니라 승무는 일상에서 맺음을 풀고자 하는 '한풀이' 혹은 '씻김', '해학'과 '풍자' 등에서 '신명'의 밝은 정신의 단계로 승화하여 나아가려는 의지가 담겨 있다. '한'이란 이 겨레 민족들이 자기에게 부딪혀 온 엄청난 설움을 객관적으로 투사함으로서 그것을 형상화한 예술적 승화장치라고 할 수 있다.⟨11⟩ 이런 측면에서 승무의 아름다움은 정면을 등지고서 양팔을 서서히 무겁게 올릴 때 생기는 유연한 능선 및 긴장감을 얼기설기하여 공간으로 홱 뿌려치는 춤사위, 하늘을 향하여 길게 솟구치는 장삼자락 그리고 미끄러지듯 비스듬히 내딛는 걸음걸이, 주술적인 힘을 발하여 관객을 몰아지경으로 이끄는 자진모리와 휘모리장단의 북가락, 다시 긴장감을 허공에 뿌리며 연풍대로 돌아 합장으로 회귀하는 한에 어린 인간의 삶을 표현하는 데 있다고

할 수 있겠다.⟨12⟩

이러한 특징들이 결합 되어, 승무는 높은 예술성과 종교적, 철학적 의미를 내포하고 있으며, 한국의 대표적인 전통춤 중 하나로 자리 잡을 수 있었던 것이다.

장홍심은 일제강점기 당시 한영숙 등과 함께 활동했던 대표적인 무용가 중 한 명으로서 그 존재감이 있으나 무용계에서 뚜렷하게 드러난 지위가 없었으며 널리 알려진 인물이 아닌 관계로 무용계에서도 소외된 측면이 있다.

다행히 '2020년 전통예술 복원 및 재현사업'의 일환으로 장홍심류 바라승무 연구(한국전통예술협회자료집, 2020. 10. 18)가 진행되면서 5편의 연구논문의 성과를 보였다. 그러나 위와 같은 5편의 연구 성과는 '2020년 전통예술 복원 및 재현사업'을 통해 의뢰한 결과이며 실질적으로 관심의 방향이 적극적으로 이뤄짐으로서 이루어진 성과는 아니므로 앞으로 많은 연구자들의 관심과 적극적인 연구가 중요한 의미를 가진다고 볼 수 있다.

한성준에 의해 장홍심으로 전수된 바라승무가 전통무용으로서의 역사적, 예술적 가치로서 뿐만 아니라 차별화된 희귀성과 독창성 또한 뛰어나나 지금까지 그것에 대한 자세한 연구가 없었기에 장홍심의 삶과 공연활동을 바탕으로 유래를 살펴보고 또 바라승무의 춤사위 분석을 통하여 그 특징의 연구가 절실히 필요한 것이다.

승무는 현재는 '법고치기'가 기본이지만 초기에는 '장삼춤'만 추기도 하였고, '법고' 대신 '바라춤'을 추는 '바라승무(철석바라승무)도 전승되고 있으며, 평고무(무고)를 치는 평고승무도 있고 줄타기를 하면서 추는 '줄승무'도 있다.⟨13⟩

이에 장홍심의 대표작품인 바라승무를 집중적으로 연구하는 것은 소외되고 잊혀진 무용가에 대한 무용계의 새로운 인식전환의 중요성 측면과 함께 장홍심 바라승무의 원형보존에 연구의 필요성이 있다.⟨14⟩

정중하다 할 만큼 다소곳하고 예쁜 장홍심의 춤은 파란만장한 세월만큼 한이 베여 있었으며 자존심만큼이나 직선적이며 힘이 있는 춤을 추었다. 장홍심은 올곧고 깨끗한 마음만큼 군더더기 하나 없는 자연스럽고 청명한 춤을 추었던 것이다. 그래서 이성자는 가끔 장홍심의 춤을 사군자의 대나무에 비유하기도 한다. 바라승무의 특징 또한 장홍심의 성격만큼이나 직선적이며 힘이 있고, 단아하며 기교부리지 않는 청렴

함이 바탕에 있다하겠다.

　한성준에 의해 전수된 두 가지 승무중 하나는 북을 치며 마무리하는 승무이고 다른 하나는 바라춤으로 마무리하는 승무이다. 바라춤으로 마무리하는 바라승무는 장홍심에게만 전수 되었으며 장홍심이 생전에 검무와 함께 가장 좋아하고 즐겨 추었던 춤 중 하나이다. 또한 바라승무는 한성준과 조선음악무용연구회의 공연 목록 중에서도 가장 중요한 작품 중 하나였다.

　장홍심 바라승무는 불교의식무와 밀접한 연관성이 있다. 국가무형문화재로 지정되어 전승되어 현존하는 승무는 불교의 형식을 갖고 전해 오다 조선시대 억불정책으로 인해 흩어지면서 민간인사이와 사당패들의 삶의 교류 속에서 변모되어 권번까지 들어와서 전수되었음을 알 수 있었다. 바라승무는 단아하고 우아하면서도 기교적인 춤이다. 바라춤은 바라를 치는 쇠 소리가 중생을 제도(濟度)한다는 의미가 담겨 있고, 불교의식무의 바라춤과 장홍심류 바라춤의 차이는 바라를 쳐서 오른쪽으로 돌려 머리 뒤로 넘기지 않으며 불교의식 무용과는 구분되어 바라춤과 장단이 조화되어 예술적으로 승화를 이루었다.〈15〉

　바라승무의 춤사위는 〈긴 염불 과장-자진 염불 과장-느린 허튼타령 과장-자진 허튼타령 과장-경기 굿거리 과장-자진 굿거리과장〉으로 이루어져 있으며 여타 다른 승무의 장단들과 크게 다르지 않다. 바라승무는 장홍심의 춤의 특징이 그러하듯 다소곳하지만 힘이 있으며, 직선적이고, 깨끗하고 또 내면적이라 할 수 있다. 이것의 대부분은 한영숙류 승무에서도 보여지는 특징들로서 한성준류 승무가 그러했음을 말해 주는 것이라 할 수 있겠다. 하지만 장홍심류 바라승무는 한영숙류 승무보다 조금 가볍지만 더욱 다소곳하고 여성스런 느낌을 준다. 이는 음악과 동작의 차이에서 비롯되는데, 똑같은 장단이라도 바라승무는 약간 빠른 편이고 한 장단에 여러 동작이 들어가 있는 점이다.

　바라춤 과장은 〈자진 굿거리 과장-굿거리 과장-자진 굿거리 과장〉으로 구성되어 있는데, 바라승무가 일반적인 승무와 가장 차별화된 부분이기도 하다. 바라승무의 가장 큰 특징은 당악장단이 없는 것과 북을 치는 부분에 태평소로 경기능계 가락을 불어주고 그 장단에 맞추어 바라춤을 추는 것이다. 이 부분이 바라승무만의 독창성과 예술성을 가장 잘 보여주는 부분이며 이로써 바라승무의 형식과 구성에 있어 그 예술적 완성도를 완성시켜주는 것이라 할 수 있다.

다른 한편으로는 바라를 머리 뒤로 완전히 넘기지 않는 것이 불교의식 무용의 바라춤과 확연히 구분되는 특징이라 할 수 있다. 이로 인해 바라승무는 불교의식의 춤들보다 더 불교적 색채가 짙어졌고 춤사위와 음악 등의 구성과 조화에 있어서도 우리 전통무용이 추구하는 '한'의 예술적 승화로 나아가 내용과 형식에서 예술성을 성취해낼 수 있었다.

특히 철석! 철석! 치는 바라의 소리는 절제와 승화라는 바라춤의 미의식을 보여준다. 무복에 있어서도 바라를 치기위해 흑장삼 자락의 트임을 위로하였고 북가락을 뺀 후로도 장삼자락을 허리 뒤로 가지런히 묶어 바라춤을 출 때 밟히지 않도록 하였다.

이렇듯 바라승무의 진정한 아름다움은 크게 세 가지로 나누어 설명할 수 있는데 무엇보다도 바라승무만의 독특한 구성과 형식의 독창성이고, 다음으로 바라춤과 장단 그리고 음악의 완벽한 조화로 이뤄낸 예술적 승화. 마지막으로 우리 전통춤의 원형을 고스란히 간직한 채 보존전승 되어 왔다는 것이다.

한성준(1874-1942)은 각지에 흩어져 있던 전통무용들을 모아 그 체계를 세우고 또 전승에 힘썼다. 그가 정리한 40여 가지에 이르는 춤들은 무대화를 통해 전승되었는데 그 중심에는 장홍심도 있었다.

한성준이 정리한 춤 중 승무는 그의 공연에서 빼놓을 수 없는 가장 중요한 종목이었으며 그가 직접 추기도 하였고 거기서 장홍심은 그가 승무를 출 때 바라를 치기도 했다. 한성준은 장홍심이 바라를 잘 치고 또 어울린다 하여 승무에 법고 대신 유일하게 바라춤을 추게 하였고 이후 그것은 장홍심만의 특기처럼 되어 수많은 관객들의 찬사와 환호를 받으며 무대에 오를 수 있었던 것이다.

국가무형문화재로 지정된 승무는 대부분이 북을 치는 춤사위들로 이루어졌다. 즉 한영숙류 승무를 포함한 여타의 다른 승무는 북을 쳐서 마무리 하는 승무로 현재까지 널리 보급되어있으나 장홍심의 바라승무는 그 독특한 형식과 춤사위에도 불구하고 그에 대한 연구가 매우 미흡한 실정이다.

1960년대 이후 서울을 중심으로 무형문화재 종목 중심으로 승무가 추어지면서, 승무의 자산은 쇠락했고, 승무의 주인공들도 소리나 연희를 하기 위해 떠나갔다. 무엇보다도 중요한 변화는 강태홍류 승무나 양소운의 〈성인인상무〉, 장홍심의 〈바라승무〉가 있었던 20세기 초 시기는 일제강점기에 비해 20세기 후반으로 갈수록 장삼놀음과 북놀음의 기교 위주로 승무는 더욱 화려하게 변화되었다.⟨16⟩

이와 같은 이유로 장홍심 바라승무와 같은 형식은 현대에 들어서는 찾아볼 수 없었으나 장홍심의 1984년 공연을 기회로 조금씩 관심을 가지게 되었다. 사실상 이 시기가 가장 장홍심 바라승무가 여러 발전 단계를 거치면서 완숙도가 무르익었던 시기로 볼 수 있을 것이다.

1984년 공연영상을 살펴보면, 일제강점기 때에는 법고놀음이 없이 공연했던 바라승무가 1984년 제11회 한국명무전 공연 당시 법고놀음을 추가하여 공연한 점에 의문이 생겨 이와 관련되어서 장홍심 제자 이성자와 인터뷰를 진행하였다. 이성자는 장홍심은 거의 대부분 법고를 치지 않고 공연했으며 바라승무를 배울 때도 법고 치는 부분이 없이 교육시켰다고 하였다.⟨17⟩

이와 같은 인터뷰 자료를 통해 추정되는 것은 장홍심이 부산에서 무용 활동을 할 때 이매방과의 무용교류로 법고부분을 보강하였으며 중앙무대에서는 오랜만에 본인을 알리는 자리이기에 좀 더 좋은 공연을 보이고자 법고놀음을 추가한 것이라 여겨진다.

장홍심은 1984년 이후 1993년 3월 27일~28일 호암아트홀에서 열린 제9회 명인전에 출연하여 바라승무를 선보였으며(연합뉴스, 1993. 3. 20), 1년 후 1994년 삶을 마감하였다.

장홍심의 바라승무의 발전과정을 통해 춤에 대해 정의하자면 함흥권번의 춤 스타일과 한성준의 춤 스타일이 복합적으로 어우러진 장홍심만의 독특한 춤사위가 드러나는 변별성이 높은, 함경도 지역의 무형유산적 가치가 있는 작품으로 부족함이 없다고 할 수 있다.

현재는 장홍심의 마지막 제자인 이성자를 중심으로 한 무용인들이 원형을 계승·보존하는 노력을 다할 뿐이다. 일반적인 승무와는 다른 바라승무만의 춤사위, 장단, 무복 등의 특징과 형식 그로부터 비롯된 바라승무의 예술적 독창성은 일제 강점기 어려운 여건 속에서도 현재까지 전승되고 있다. 한성준에 의해 장홍심으로 전해지면서 완성되어 그것이 이성자로 이어져 내려오고, 언제 끊길지 모르는 어려운 여건 속에서 이제 우리에게 앞으로 그것을 제대로 보존하고 계승해야 할 의무가 있다.

2 ▼ 장홍심의 삶과 예술

장홍심의 예술적 삶은 함흥권번에서 무용 학습과 공연, 그리고 한성준과 만남에서 비롯된 조선음악무용연구회에서의 무용예술 활동이 대표적이다.

장홍심은 무형문화재로 지정되어 있는 종목의 여타 기능보유자들과는 다른 무용교육을 받았으며, 그로 인하여 독특한 춤사위의 무용공연활동을 하였다. 장홍심 생전의 무용공연활동의 자료들을 분석해 보면, 바라승무와 검무의 무용공연활동이 대다수를 차지하고 있으며 이 춤들을 공연할 때마다 많은 환호와 찬사를 받았다.[18]

1) 1914년~1940년: 초창기(춤 입문기)

장홍심(본명 월순)은 1914년에 함흥에서(함흥시 성천동 113) 출생하였으며, 11세(1924) 때 고향에서 배씨 할머니로부터 춤을 배우기 시작했고, 12세 때 부터는 직접 함흥권번에 들어가 정남희에게 가야금산조와 병창을 배웠다. 장홍심이 예인의 길은 걷게 된 가장 큰 이유는 못사는 것이 서러워 보통 여성의 길을 만류한 어머니의 권유와 자신의 호기심 때문이라고 한다.

그 시절 어느 씨름판에서 천하장사를 위해 춤을 추는 것을 보고 그렇게 마음이 끌릴 수 없었다며, 그 순간 운명이 결정지어진 것 같다고 회고했다. 배씨 할머니[19]는 당시 70세쯤으로 보였으며, 신무용가 조택원의 외할머니로서 함흥권번의 유명한 춤 선생 이었다고 한다. '홍심'이란 예명은 그가 직접 지어준 것이라 한다.[20]

이 시절 장홍심은 검무, 승무, 살풀이춤, 입춤, 항장무, 포구락 등을 배웠다. 당시 함흥에서는 추석과 설 같은 명절에 대규모 씨름판이 벌어졌다. 씨름경기가 끝나면 일종의 뒷풀이였던 축하연이 있었는데, 여기서 장홍심은 권번 동료들과 출연하여 검무와 포구락 등을 공연했던 것이다.

우리 선생님은 성격이 고지식하시고 올곧고 제자들을 가르치실때 목숨을 걸 듯 가르치셨고 자상하시고... 예술가의 성품을 타고 나셨지.

2인자는 절대 안하시고 그렇게 자존심이 강하셨어.

이강선 선생님이라고 2살 차이 선배님이 계셨는데 한성준 선생님한테는 어렸을 때부터 배우셨고, 우리 선생님은 중간에 가셨기 때문에 아무래도 이강선 선생님한테 점수를 더 주겠지. 그리고 많이 배웠으니까... 인물도 이쁘셨대... 근데 무대 같은데 서서 같이 춤추고 나서 신문 같은데 나면, 선생님도 똑같이 잘 추시니까 같이 해주면 좋은데, 약간의 편견이 있으니까 괜한 사소한 말다툼 끝에 부딪히는 일도 생기고 그러는 게 인제... 예술을 정말 열심히 하는분들은 자신의 가치를 얼마나 존중하는데...

그리고 어렸을 때 부모님이 '옛날 여자들은 결혼해서 그냥 그렇게 살고 그러니까 너는 그렇게 살지 말고 한세상 태어났으니까 너 좋은 대로 살어라' 이래서 함흥권번에 들어가셨지... 하지만 요즘 그걸 꺼려하는게 다 거기서 예인들이 나왔지 어디서 나와.

다 잘못들 생각해서 그래...

권번이라 하면 술집같이 이상하게 생각하는데 거기는 묵화도 하고 시조도 하고 완전히 예인이지(가무악 포함). 그런데 인식이 이상하니까.

다들 그걸 피하려고 하는데 사실 그게 아니라고...

거기서 다 나온 거라고...

그것을 우리가 존중해줘야 되는데...

'어느 사람이 무슨 춤을 잘 춘다' 뭐 이런 건 이제 없어졌어.

우리 춤이 점점 사라져 가는 거야.

-이성자 인터뷰

이 시기는 장홍심의 춤이 완성되는 시기로서 한성준의 조선음악무용연구회를 통한 발표회가 의미하는 것은 장홍심이 한성준을 만나 비로소 춤이 완성되었다는 것이다.

고지식하고 자존심이 무척 강했던 장홍심은 함흥 권번을 나와 한성준문하에서 춤추던 시절 초기 주역이나 다름없었던 2살 위 이강선과 다투어 공연이 중단될 만큼 라이벌로 발전했으며 조선음악무용연구회의 초창기부터 중요한 역할을 하여 세간에 오르내렸음을 이성자와의 면담을 통하여서도 알 수 있었다.

장홍심(본명 장월순)은 1914년 함흥 출생(함흥시 성천동 113번지)으로, 11세(1924)때 함흥에서 이름도 모르는 배씨 할머니의 춤을 보며 마음이 이끌렸으며, 12세(1925)에 함흥권번에 들어가서 가무를 익히기 시작하게 되었다. 함흥권번에 들어가 정남희)에게 가야금산조와 병창을 배웠고, 권번의 춤 선생이었던 배씨 할머니에게 춤을 배웠다.[21]

이 시절 장홍심은 검무, 승무, 살풀이춤, 입춤, 항장무, 포구락 등을 배웠으나, 한성준에게 춤을 배우기 위해 1934년 21세의 나이에 서울로 상경하여 당시 우민관에서 변사로 이름을 날리던 한성준의 큰아들인 창선 씨의 집에 기거하며 직업적인 기생을 그만두고 전문예인으로 살게 된 것이다.[22]

이후 한성준의 무용연구소에 입소하여 승무, 검무, 한량무, 태평무, 진쇠무, 선녀무, 포구락 등을 배웠고, 장홍심의 이름이 보이기 시작한 것은 한성준을 중심으로 1937년 12월 28일 창립된 조선음악무용연구회의 활동초기부터였다.[23]

> 이 무용대회에 출연하는 분은 작년 12월에 조선서 처음으로 창립된 조선음악무용 연구회 회원 전원 30여 명이 총출연하기로 되었다. 이 무용연구회는 조선 고악의 명고수로만 유명할 뿐 아니라 조선 고전무용의 대가이신 한성준 씨가 김석구, 김덕진, 이강선, 장홍심외 여러분이 발기인이 되어 가지고 조직된 조선 유일의 단체다.
>
> (조선일보, 1938.4.23.)

위의 기사에서 조선음악무용연구회가 1937년 12월에 창립되었을 때 발기인으로 김석구, 김덕진 외에 무용가로 이강선과 장홍심이 참여했음을 알 수 있다. 창립공연에서 장홍심은 검무, 살풀이춤, 태평무, 바라춤(바라승무)을 추었는데 그의 이름이 처음 등장한 것이다.

1938년 5월 2일 〈향토연예대회〉중에 〈고무용대회〉에서 조선음악무용연구회가 처녀 출연했고, 이 공연에서 장홍심은 검무, 태평무를 이강선과 2인무로 추었고, 살풀이를 한영숙, 이강선과 함께 3인무로 추었다. 고무용대회의 공연 종목과 출연자에 대해 다음 자료에서 자세히 알아 볼 수 있다.

한 달여 후 6월 23일에 조광회(朝光會)를 주최로 부민관에서 열린 〈고전무용대회〉에서도 같은 종목으로 춤을 추었고(조선일보, 1938. 6.19.), 또한 농악에도 출연 한 것으로 보아 장홍심은 조선음악무용연구회의 레퍼토리 중에서 가장 중요한 레퍼토리를 추었던 것으로 보인다.

1938년 9월 10일 개성의 개성좌에서 벌어진 〈조선고전음악무용대회〉에 조선음악무용연구회가 공연하고, 5일 후에는 조선음악무용연구회의 주최로 장전(長箭)에서 9월 15, 16일에 공연했다. 다음 해에는 2월 21일부터 한 달간 조선음악무용연구회가 남선순업 공연했고, 그 해 5월 23~25일에 대구의 대구극장에서 국창 이동백의 은퇴공연 중 장홍심이 바라춤을 춘 것이다. 바라춤은 한성준이 장홍심에게 안무해준 작품으로, 강선영도 이 사실을 증언해 주었다.⟨24⟩

장홍심은 국창 이동백(李東佰, 1866-1947)의 대구 은퇴 공연(1939년)을 잊지 못하고 있다. 당시 염불, 도드리, 굿거리, 잦은모리, 당악, 동살풀이로 승무를 춘 다음 늦은 잦은몰이, 허튼타령으로 이어진 바라춤이 이동백의 새타령과 함께 관중을 사로잡았다고 한다. 한성준의 지방공연 종목에 한량무가 항상 들어 있었으며, 한량 역할을 장홍심이 했다고 한다.

〈그림 1〉 1938년 6월 23일 조광회 주최 고전무용대회.

출처: 조선일보, 1938년 6월 19일.

    1930년대 말 이강선과 같이 조선일보 주최 「고전무용공연」에서 이강선과 2인무로 검무·태평무를 추었고 이강선⟨25⟩이 승무를 홀로 추었다. 이때 신문 보도내용이 자신보다 이강선을 훨씬 부각시켜 기사화하여 몹시 속이상해 있던 차에 사소한 문제로 이강선과 말다툼을 하게 되었다. 나중에는 머리채까지 휘어잡는 몸싸움으로 비화되었다고 한다. 젊은 시절 장홍심은 자존심이 강했고, 또 욕심이 많아 누구에게도 지기를 싫어하는 성격으로 인해 동료들과 갈등도 심심치 않게 빚어지곤 하였다.⟨26⟩

    장홍심의 춤이 조선음악연구회를 기점으로 더더욱 활발히 펼쳐지는 듯하였으나 27(1940년)세 때 조선음악연구회가 1940년 2월 27일 부민관에서 개최한 〈도동기념공연〉 때부터는 장홍심이 명단에서 보이지 않는다. 이강선과 장홍심이 맡았던 춤을 한영숙과 강춘자(본명 강선영)가 추었던 것이다.

    한 가지만 파고드는 장홍심의 올곧은 성격과 개방적인 집안환경은 한성준과의 만남을 기점으로 자신이 좋아하는 춤에만 몰두 할 수 있도록 해주었으나 16세 연상 김홍진과의 결혼으로 그만 춤을 중단하게 된 것으로 보인다. 미혼의 여성들은 강제로 정신대에 끌려가던 시대이니만큼 어쩔 수 없는 선택이었을 수도 있었으리라.

결국 한성준류 춤이 한 참 무르익을 무렵 열여섯 살 연상의 김홍진의 구애에 못 이겨 한 결혼은 7년을 못 채우고 이별을 했다. 표면적인 원인은 아이를 낳지 못해 시어머니와의 갈등으로 인해 이별을 하였다고는 하나 장홍심의 내면적인 원인은 춤을 작파하고 집안에만 있으니 하루하루가 견디기 힘들었다.[27]

1941년 7월 스승 한성준이 죽자 장홍심도 스승을 잃은 슬픔과 순탄치 못한 결혼생활로 고뇌에 빠졌으며, 1942년(29세)[28] 춤을 추기 싶은 욕구와 결혼의 제약에서 벗어나기 위해 고향 함흥으로 가 춤으로 새출발을 시작하기로 결심하고 낙향한다.

2) 1945년~1960년대 : 절정기

인생의 큰 역경을 겪고 난 장홍심은 32세였던 1945년 4월에 고향 함흥으로 되돌아갔다가 해방을 맞는다. 이 시기는 장홍심의 예술적 삶이 무용예술 활동으로 절정을 이룰 때였다. 21세 장홍심은 조택원과 함께 서울로 왔다. 장홍심은 당시 유명한 우민관 변사였던 한성준의 큰아들 이창선의 집에 머물면서 한성준의 무용연구소에서 학습하였다. 한성준 문하에서 2년 동안 이강선·김천흥·한영숙·박학·김동희·박연화 등과 함께 무용을 배웠으며, 당시 조택원·최승희도 함께 배웠다고 한다.

이 때 한성준이 승무, 검무, 한량무, 포구락, 태평무, 선녀무 등을 학습한 장홍심의 신체 조건을 배려하여 바라춤이 적합하다고 바라춤을 많이 추게 하였다.

이후 음악동맹에 가입하여 서울에서 한성준 선생에게 익힌 무용극으로 검무, 화관무, 승무, 한량무 등을 가르쳤다. 그러던 중 함흥에 공연 차 온 최승희는 장홍심이 한성준의 제자라는 사실을 알고, 딸 안성희에게 춤을 가르쳐 달라고 부탁했다. 이로 인해 장홍심은 안성희에게 승무를 가르쳤다. 장홍심의 나이가 아직 젊은데도 최승희는 짧은 기간이나마 한성준에게 배운 춤을 자신의 딸(안성희)에게 지도 해달라는 부탁을 했으며 장홍심은 흔쾌히 승무를 지도했다고 한다.[29]

함흥 공연 기간 동안에 최승희는 그 곳에 살고 있던 한성준의 제자 장홍심을 초청하며 며칠 동안 안성희에게 검무와 승무를, 전황에게는 검무를 배우게 했다. 장홍심은 며칠 동안 최승희와 함께 있으면서 몇 가지 놀라운 점을 발견할 수 있었다. 이를테면 무용 공연이 끝나면 연구생들이 방에 와서 어깨를 주물러 주고 발을 씻겨 주기도 하며 마치 여왕 받들 듯 하는 것을 보고 최승희의 권세가 어느 정도인지 짐작할 수 있었다 한다.

사실인즉 최승희하면 미모로도 유명하였기 때문에 대중들 앞에 어쩌다 나타나기만 하면 '최승희, 최승희' 했다. 예컨대 평양역에서 함흥으로 떠나는 기차를 탈 때에 최승희를 보러 나온 사람들 때문에 기차의 출발 시간이 지연되는 일도 있었다. 최승희는 북한 사회에서 늘 자기는 세계적 인물이라는 자존심을 내걸고 행동하였다. 이러한 성격 때문에 문화 선전상인 허정숙과도 가끔 입 싸움이 있었고 당 간부들과도 부딪쳤다.

〈장홍심 증언 내용〉[30]

당시 본격적으로 예인들과 만남이 시작되어, 장홍심이 함흥음악무용학교에서 최승희 무용단과 합류한 것은 1945년~1946년경이며 광복 이후 함흥음악동맹에서 김일성면전 공연과 평양예술제 등에서 활동했고 당시 최승희는 장홍심 승무공연을 보고 극찬하였다.[31]

두 사람은 평양으로 옮겨 활동하다가 더 이상 고향에서 춤을 출 수 없게 되었고, 본인의 생명유지도 불투명하다고 판단하여 38세인 1951년 1.4후퇴 때 해군의 도움으로 군함에 숨어 부산으로 월남했다.[32] 아무 연고가 없는 부산에서 장홍심은 1953년(동양무용예술연구소)를 개소하고 1956년 12월에는 부산무용협회의 공연과 1957년 부산무용가협회의 행사 등 참여하며 당시 45세 1958년 왕성한 활동을 하였다.[33]

1958년 45세 장홍심은 이 시기 많은 작품을 발표하였다. '이매방 무용연구소'에서 장홍심의 함흥검무와 이매방 승무가락을 교류하게 되며 인연을 갖는다. 1961년 사라호이재민구호 음악무용대공연에서는 검무공연과 경남재건예술제에서는 승무로 출연하면서 1962년 5월에는 〈도민위안 재부무용연구소 합동대공연〉에서 장홍심무용연구소 이름으로 개선가를 공연하였다.⟨34⟩ 이 무렵 이매방 무용연구소에서 자신의 함흥 검무와 이매방의 승무가락을 서로 주고받았다. 장홍심의 유일한 전승자인 이성자도 이 부분을 증명하면서 서로 다른 춤을 공유했지만 한성준에게서 사사 받은 춤의 원형은 그대로 간직한 채였다고 한다.

이후 1967년 박초월과 '서울국악예술단을(박초월 국악연구소)' 독립문 연습실에서 9년간 춤을 지도하다가 공연도 했다고 한다. 1976년 장홍심 나이 63세 성동구 중곡동 소재한 장홍심의 무용교습소를 개원했다. 1978년 국립극장에서 장홍심의 제자 이성자무용 발표회에 검무공연을 추었고 1984년 제11회 한국명무전에서는 바라승무와 검무공연을 마지막으로 올리며 1994년 81세의 나이로 서울시 성동구에서 작고하였다.⟨35⟩

장홍심은 검무보다 승무를 더 좋아했고 승무와 검무 위주로 대부분 공연에 출연한 것을 보면 두 가지 춤이 장홍심의 특기로 볼 수 있다. 함흥권번에서 춤을 배워 추었지만, ⟨검무⟩는 조선음악 무용연구회에 입소하여 한성준의 문하에 들어와 장홍심의 검무는 더욱더 무대예술적인 측면이 부각되었다.⟨36⟩

장홍심 춤의 특징이 힘 있고 절도와 단아함, 직선적이면서도 한을 아름답게 승화시켜 춤을 추게 된 것은 북쪽 지방의 함흥출생과 충청권의 고향인 스승 한성준의 지역적 성격에 영향을 받아 스승에게 사사 받은 춤 원형을 그대로 보존하였다.⟨37⟩

그 후 장홍심은 최승희를 따라서 평양으로 옮겨 체코슬로바키아에서 개최되었던 '세계청년예술축전'에 참가하려고 연습하다가 사정이 생겨 그만두었다. 최승희는 장홍심이 한성준의 제자라는 점 때문에 특별하게 대우해 주었다. 그리하여 장홍심은 다시 함흥의 음악동맹 정회원으로 복귀하여 1급 배우 무용수로 활동하였다. 그러나 40번 지각하고 6번 결석했다는 점과 봉건사상이 짙다는 이유로 제명당하고 만다.⟨38⟩

학생예술제 같은 거 만들어놓고 하시다 없어져서 중요한 게 또 없어진 일도 있고, 이북에 들어가서 일급배우로 무용 하시다가 본의 아니게 좀 빠지고 지각해서...

그랬는데 인제 거기에서 안 맞으시니까 나오셔가지고... 최승희 선생님하고 또 나오셨다가... 그러니까 여기서 최승희 선생님 따라다니느냐고 그 중요한 예술제를 못 하신거지... 중요한 걸 놓치신 거야... 고때 고때...

이북에선 대단하셨지... 그러다 6번 빠지시고 지각을 좀 하니까 뭐 아무데나 추라고 하니까 자존심이 허락을 하겠어? 우리 예술하는 사람들이 자존심 빼면 뭐있어... 자기 예술에 혼을 다 실었는데...그것도 그렇지만 평양에 들어갔다 나온 공간 또 다시 나왔다가 또 들어간 거... 최승희씨랑 또 들어갔어...

그러다 1.4후퇴 때인가 또 나오셔서 인제 부산에 밀선 타고 오셨데... 그것도 그렇고 한성준 선생님한테 배울 때 그냥 계속했으면 좋은데 한 7년간 결혼해서 부자 집에 결혼해서 사시다가 애기를 못나가지고 헤어지셨는데 그것도 또 이유가 있지...

맨날 무용하던 사람이 앉아서 이게 뭔가... 그러잖아... 그래서 다시 무용계로 나오셨지. 나왔을 땐 또 다시 잡아야 되니까... 그리곤 또 이매방 선생님 만나 또 세월이 그렇게 되고...

아까운 시기를 다 놓치신 거야...

다 놓치시고 서울에 올라 오셨을 땐 아무것도 없지...그래도 박초월 선생님은 그때 명창이었잖아 국창...

그래서 선생님 모시고 같이 그렇게 한 거지.

(이성자 인터뷰 내용)

힘든 역경과 어려운 상황 속에서 춤을 포기하지 않고 끊임없이 춤에 대한 열정을 놓지 않았던 장홍심에 대해서 강이문은 1960년대 말까지 부산지역에서 활발하게 활동한 전통무용가로 평가하였다.(39)

3) 1970년대 ~ 1994년: 새로운 시작

활발한 활동을 하고 있던 장홍심은 '이매방 무용연구소'에서 자신의 함흥검무와 이매방의 승무가락을 서로 주고받았다. 당시 장홍심은 함흥권번과 한성준에서 비롯된 자신의 춤에 이매방(호남)의 춤을 얹는 즐거움이 상당했다고 한다. 또한 이 시기에 장홍심은 국악인 박귀희, 김소희를 만나 철도 관사에서 무용을 가르쳤다고 한다. 부산에서도 장홍심은 왕성한 무용예술 활동을 하였는데, 이때 주로 검무와 승무를 즐겨 추었다.

1967년 초 무렵, 장홍심은 부산 생활을 끝내고 서울로 왔다. 9년이란 세월을 박초월과 함께 한 후, 장홍심은 여러 무용학원을 전전하며 춤을 가르치다가 중곡동 시장한복판에 작은 건물 한 층을 세내어 '장홍심고전무용교습소'라는 간판을 내걸고 후학들을 가르치게 된다. 장홍심의 춤을 이어가고 있는 이성자는 "장홍심은 곧은 성품으로 인하여 많은 이들이 춤을 배우려고 찾아왔다가 오래 견디지를 못하였다"고 회고한다.

장홍심은 이 시기에 원생들에게 바라승무, 검무, 선녀춤, 장고춤, 오고무, 삼고무, 외고, 무당춤, 부채춤, 장검무, 입춤 등을 가르쳤다고 한다. 장홍심은 1978년 5월 21일 국립극장에서 열린 '이성자 무용발표회'에서 검무를 추었다. 이후 1984년 국립극장에서 한국일보와 국립극장 공동 주최로 열린 「제11회 명인 명무전」에서 검무, 바라승무를 추었고, 타계 바로 전 해인 1993년 3월 27일, 28일에 동국예술기획 주최로 열렸던 「명인명무전 9번째 무대」 '한국인의 넋이 담긴 민족의 춤'에서 승무와 검무를 추었다.

생전에 장홍심은 부산에서 너무 오랜 세월을 보낸 것, 남에게 속아 금전적으로 손해를 본 일, 다른 사람들과의 교류가 없어서 활발하고도 적극적으로 무용 활동을 하지 못했던 것들을 후회 하였다. 그러나 영원히 잊지 못하고 가슴속의 벅찬 감정으로 남아있던 것은 한성준 고전무용단에서 순회공연 때, 고향이었던 함흥에서 환호를 받은 것과 그곳에서 최승희와의 만남이라고 술회한다. 장홍심은 자녀가 없어서 늘 외로워하면서도 대신 조카를 교육 시키는데 심혈을 기울였다. 이렇게 통한의 삶을 살던 장홍심은 우리가 꼭 지켜야할, 역사적으로 가치 있는, 주옥같은 춤들을 가슴에 안고 1994년 파란만장했던 삶을 마감하였다.⟨40⟩

돈암동 종점에 대한국악원이라고 있는데 거기에 내가 갈 때가 6.25사변 나고 올라 왔을 때니까 5학년인가 6학년 때인가 그랬을 거야.

그 시절 만 해도 춤을 춰도 천하게 생각하고 노래를 해도 천하게 생각했지

그때 거기에 한영숙 선생님도 계시고 박초월, 박귀희 선생님도 계시고 유명한 선생님들 거기 다 계셨어... 거기가 인제 서울국악예술학교가 됐지...

예술학교가 되면서 거기 계신 선생님들이 다 국보가 되셨는데, 그때는 문화재가 아니라 국보라 그랬어. 우리 선생님은 그때 부산에 계셨기 때문에 못되신 거지. 그러다 올라오셨는데 여기 연고도 없고 아무것도 없고 그렇잖아. 그러니깐 암만 춤 잘 춰도 뭐가 있어야지.

옛 말에 소도 언덕이 있어야 비빈다고, 그래서 계시다가 인제 박초월 선생님이 보시고, 참 아깝잖아... 우리선생님이...

박초월 선생님이 우리 선생님보고 같이 하자고 이렇게 하셔가지고 종로 쪽에서 하셨는데...

(이성자 인터뷰 내용)

1967년 초에 장홍심은 홀연히 부산에서의 생활을 끝내고, 서울에서 박초월을 만나게 된다. 그 후 박초월 국악연구소에서 춤을 가르치며 정착하여 약 9년여의 세월을 보내게 된다.

장홍심의 춤을 유일하게 이어가고 있는 이성자의 증언에 의하면, 독립문 근처에 연습실을 마련하여 박초월과 서울국악예술단을 함께 운영하고 또 공연도 했다고 한다. 이성자가 장홍심을 처음 만난 시기 이기도 하며 자신도 어느 방송국인지는 정확히 기억나지 않지만 선녀무를 춘 것이 기억에 남는다고 하였다.

그런 이후 여러 무용학원으로 전전하며 춤을 가르치다가 서울시 성동구 중곡동에 '장홍심 고전무용교습소'라는 간판을 내걸고, 제자들을 가르치게 된다. 이 때 장홍심은 학생들을 콩쿨에 내보내지도 않고, 무용발표회도 하지 않았는데, 고향을 떠나 육십 여년을 사는 동안 갖은 세파에 시달렸고, 너무나 변해버린 세상살이에 맞춰 콩쿨이나 발표회를 하기에는 몸과 마음이 이미 지쳐있었던 것이다.[41] 다만 일생동안 배

우고 추었던 춤들에 의지하여 찾아오는 이들에게 묵묵히 춤을 가르쳤을 뿐이다. 그러던 중 1978년 5월 21일 국립극장에서 열린 이성자 무용발표회에서 검무를 추었고, 1984년 9월에 국립극장에서 한국일보사와 국립극장이 공동 주최했던 〈제 11회 한국명무전〉에서 바라승무와 검무를 세상에 다시 내보인 것이다.

〈그림 2〉 세계일보, 1990년 8월 2일.

그때 나이 71살이었고, 한성준의 문하에서 춤춘 지 50년 만에 다시 서는 서울무대였다. 생전에 장홍심은 부산에서 너무 오랜 세월을 보낸 것, 다른 사람들과의 교류가 없어서 활발하고도 적극적으로 활동을 하지 못했던 것들을 후회하였다.

그러나 영원히 잊지 못하고 가슴속의 벅찬 감정으로 남아있었던 것은 한성준 고전무용단에서의 순회공연 때, 그리고 고향 함흥에서 환호받은 것, 함흥에서 최승희와의 만남이라고 이성자는 술회한다.

함흥에서 태어나 서울, 함흥, 평양, 다시 함흥, 그리고 부산을 거쳐 다시 서울로, 장홍심의 행적을 보며 끝없이 펼쳐있는 거친 파고를 헤쳐가야만 했던 외롭고 쓸쓸한 슬픈 삶을 살던 장홍심은 우리가 지켜야 할, 역사적으로 가치 있는, 정통성 있는 진정한 춤꾼이었다. 장홍심은 결국 1994년에 작고하였다.

장홍심은 평생을 춤 한길을 걸어왔다. 그러나 성격 탓인지 무용발표회를 해서 자신의 실력을 과시할 줄도 모르고 그저 연구소에서 가르치기만 하고 다른 사람들과의 만남도 없었다. 과거 장홍심의 승무는 끊어질 듯 이어지는 춤사위 속에 인간의 고뇌를 승화시킨다. 자신도 승무에 몰입되어 있을 때는 현실과 피안의 실상을 구분 못할 정도로 무아지경에 빠진다고 한다.

표 1. 장홍심의 생애사와 공연 활동연보⁽⁴²⁾

	활동년도	나이	활동영역
1기	1914-1924	1세-11세	함흥시 성천동 출생
	1925-1933	12세-20세	춤의 입문(함흥 권본) 가, 무를 익힘
2기	1934-1939	21세-26세	한성준에게 사사 (승무, 검무, 한량무, 태평무, 진쇠무, 선녀무, 포구락)
	1940년, 27세 : 결혼으로 인한 휴지기		
3기	1945-1956	32세-33세	최승희와 만남(함흥음악 무용학교)
	1951	38세	부산으로 월남
	1953-1956	40세-43세	제2의 활동: 부산초량에서 동양무용연구소 개소, 부산무용가 협회 창립공연
	1958	45세	이매방과의 만남(이매방무용 연구소)
	1961-1962	48세-49세	사라호 이재민구호 음악무용대공연, 경남재건예술제, 도민위안 재부무용연구소 합동대공연 (장홍심 무용연구소 이름으로 개선가 공연)
4기	1967-1975	54세-62세	박초월과의 만남(박초월 국악연구소)
	1976	63세	장홍심 고전 무용 교습소(성동구 중곡동)
	1978	65세	국립극장(제자 이성자 무용발표회 검무 출연)
	1984	71세	제11회 한국명무전: 바라승무, 검무 (국립극장)
	1994	81세	서울시 성동구 중곡동 장홍심고전무용 연구소에서 작고

3 　장홍심 바라승무의 형성과 전승

1) 장홍심류 바라승무의 역사적 배경

장홍심류 바라승무가 남다른 독창성과 예술성에도 불구하고 현 시대에 와서 활성화 되지 못한 여러 가지 이유 중 하나는 장홍심이 일제 강점기와 6.25라는 시대적 과오를 겪는 과정에서 춤을 계속 출 수 있게 해줄 많은 발판들을 잃었기 때문이다. 또한 한 시대를 풍미했던 장홍심이 자신의 존재감과 예술적 가치에서 고민하는 이른바 모순된 의지를 가지고 생활했기에 외골수가 되었다는 것이라 이성자는 말하고 있다.

(1) 한성준과 '조선음악무용연구소'

한성준은 1874년 6월12일 충남 홍성골 고도면 고남 하도리 길미동리에서 가난한 농가의 장손으로 태어났다. 글공부를 할 형편이 못된 한성준은 일찍이 외조부를 따라 춤과 북장단을 익히며 예인의 길로 접어들게 되었다. 두 아내를 잃은 이후 한성준은 유랑의 생활을 하게 되는데 그 시절은 한성준의 일생에 있어서 크나큰 재산이 된다. 전국 각지를 돌며 그 지역에 전해져 내려오는 춤들을 접하게 되며 또한 권번의 춤들도 익히게 되었는데, 권번의 춤들은 놀이판에서 즉흥성을 띠고 추어지던 춤들과 달리 형식이 있고 세련되었을 뿐만 아니라 전문화되어 있었던 것이다.[43]

한성준은 31세의 나이에 유랑생활을 청산하고 서울에 정착하여 당시 박기홍, 이동백 등 국창, 명창들의 북을 도맡아 치면서 명고수로서의 이름을 얻는 한편 1933년 설립된 조선성악연구회를 통해 그동안 배우고 추었던 춤들을 무대작품으로 형상화하는 작업을 시도하게 된다. 그리고 1939년 이동백이 조선성악연구회를 은퇴한 후 이사장 자리를 물려받아 이끌게 된다.

1938년에는 전통춤 교육의 산실인 조선음악무용연구회를 설립하여 본격적인 후진 양성에 힘을 기울이게 되는데 이강선, 장홍심, 김천흥, 한영숙, 강선영 등의 기라성 같은 무용가들이 그 곳을 통하여 체계적인 전통춤 교육을 받았다. 한성준은 조선음악무용연구회를 설립한 후 각지에 흩어져 있던 전통춤들을 하나하나 모아 재구성하고 집대성하는 한편 제자들과의 발표회를 통하여 그것을 무대화시키기에 총력을 기울인다. 당시 한성준의 춤은 승무, 살풀이, 태평무, 학무 등을 포함한 40여 가지에 이르며 1960년대 이후 승무와 학무는 각각 중요무형문화재 제 27호, 중요무형문화재 제 40호로 지정받아 그의 손녀 한영숙이, 태평무는 중요무형문화재 제 92호로 지정받아 강선영이 계승하였다. 일생을 춤과 음악에 받친 한성준은 1941년 가을 후계를 손녀 한영숙에게 물려주고는 홀연히 생을 마감하게 된다.

〈그림 3〉 장홍심의〈바라무〉

출처: 매일신보, 1941년 1월 17일.

한성준과 조선음악무용연구회는 한국무용사에서 빼놓을 수 없는 중요한 역사적 가치를 가지며, 또한 한성준의 기라성 같은 제자들을 우리 무용계의 기둥으로서 지금에 이르게 할 수 있었던 원동력은 조선음악무용연구회를 통한 체계적인 전통춤 교육이 있었기 때문이다.⟨44⟩

당시 남선순업공연 레퍼토리 중에 〈노승무〉라는 제목이 있다. 장홍심의 구술에 의하면 "바라승무를 노승무라 하기도 하여 일반승무가 보통 장삼놀음과 북놀음으로 구성되는데 반해 노승무 또는 바라승무는 장삼춤과 바라춤으로 이루어져 있다는 점이 색다르다. 그리고 보통의 승무가 흰 고깔에 흰색 장삼과 붉은 가사를 두르는데 반하여 노승무 또는 바라승무는 흰 고깔, 흰 바지저고리 차림에 검은색 장삼을 입고 붉은 가사를 두른다."⟨45⟩고 했다.

바라무의 구성에 있어서 북놀음 대신 바라춤을 추었다는 김천흥선생의 설명과 일치한다. 남선순업공연 레퍼토리중에 〈승무〉가 없고 〈노승무〉가 있는 것으로 보아 〈노승무〉는 〈바라무〉, 〈바라승무〉의 다른 이름인 듯하다. 〈살풀이춤〉은 3인, 혹은 4인이 추었고, 매번 한영숙이 빠지지 않았다. 이 시기에 입춤, 허튼춤, 즉흥무 등은 전국적으로 추어졌었는데, 살풀이춤은 1918년에 『조선미인보감』에서 명칭이 보이고 한동안 보이지 않다가 1938년에 조선음악무용연구회 프로그램에 다시 등장했다. 한성준이 여성 홀춤으로 정리하여 무대에 올린 것으로 보인다.⟨46⟩

장홍심이 무용지도자로서 활동하게 된 것은 해방 후 함흥음악무용학교에서부터 그 시작점을 잡을 수 있다. 장홍심의 이북에서의 활동은 많이 알려져 있지 않지만 함흥음악무용학교에 있으면서 교사로서 승무와 검무 등의 수업을 하였으며, 당시 장홍심의 옆집에 살던 이미라가 1943년 7살 때부터 장홍심에게 북한에서 전수받고 함흥검무를 사사받았다는 것은 무용가 이미라의 구술자료⟨47⟩를 통해 확인할 수 있었다.

장홍심이 북한에 있으면서 맺은 인연으로는 근대무용의 선구자로 불리는 최승희가 있다. 장홍심이 함흥에 있을 때 이 지역으로 순회공연을 온 최승희가 자신의 딸 안성희에게 춤을 가르쳐달라고 부탁을 했으며, 이를 받아들인 장홍심이 당시 16세였던 안성희에게 승무를 가르쳐 주었다고 한다.

즉, 장홍심이 북한에서 무용지도자로서 활동해서 많은 학생들을 교육했지만 장홍심에게 직접 무용을 사사받았다고 인정할 만한 무용가로는 이미라와 최승희 딸 안성희가 있을 뿐이다. 장홍심은 북한에 있으면서 1급 무용수로 승급하는 등 인정을 받았지만 음악동맹에서 제명당하고 신변의 위협을 느끼게 되어 1·4후퇴 때 부산으로 피난을 떠나 정착하게 되었다.

1953년 휴전이 성립된 후 부산으로 피난 온 많은 무용가들이 고향으로 돌아갔으나 장홍심은 부산에 잔류를 결정하고 연구소를 개설하였다. 이 시기 무용인들은 차츰 부산에 정착하면서 곳곳에 무용연구소(학원)를 차려 주부와 학생(아동)들을 가르치기도 했다. 생계 수단으로 시작된 무용 교육은 춤의 대중화를 가져오는 계기가 되었다.

장홍심은 부산에서 무용 활동을 다시 시작하게 되었으며, 1953년 무렵 초량에 동양무용연구소를 개소한 것으로 선행연구가 되어 있으나, 1957년 부산의 무용연구소 개설인가를 낸 자료가 확인되어 약간의 혼란이 있다. 공식 기록인 당시의 자료를 확인해 보면 〈그림 4〉와 같다.

〈그림 4〉를 살펴보면, 서류의 내용은 단기(檀紀) 4290년 4월 13일자로 동양무용연구소 개설을 인가한다는 내용이다. 동양무용연구소의 위치는 부산시 좌천동 524번지이며 서류상 인가 기간으로는 단기(檀紀) 4290년 4월 13일부터 4291년 4월 12일까지로 되어 있다. 여기에서 단기(檀紀) 4290년은 1957년을 의미하므로 동양무용연구소 인가 기간은 1957년 4월 13일부터 1958년 4월 12일로 1년간의 인가 기간을 두는 것을 알 수 있다. 동양무용연구소의 설립자는 장홍심이었으며, 수업과목 및 인원은 기악과 10명, 가창과 10명, 연기과 10명, 예술과 10명으로 이루어져 있었다.

이와 같은 내용을 토대로 살펴보면, 장홍심은 부산에서 무용연구소를 두 차례 운영한 것으로 추정된다. 이를 뒷받침 하는 증거로는 1991년 '한국민속연구소' 연구원 이자균이 장홍심의 중곡동 무용연구소에서 진행한 인터뷰 자료를 통해 확인할 수 있다. 인터뷰 내용을 살펴보면, 장홍심은 부산에서 박철희 연구소를 물려받아서 무용연구소를 운영했으나 무용연구소가 잘 안되자 당시 부산의 철도 국장이 가정교사로 들어오라는 권유에 응하고 무용연구소를 닫았다고 한다. 그러나 장홍심의 재주를 아깝게 본 검사 부인이 돈을 구해줘서 무용연구소를 다시 설립할 수 있었다는 내용이다.〈48〉

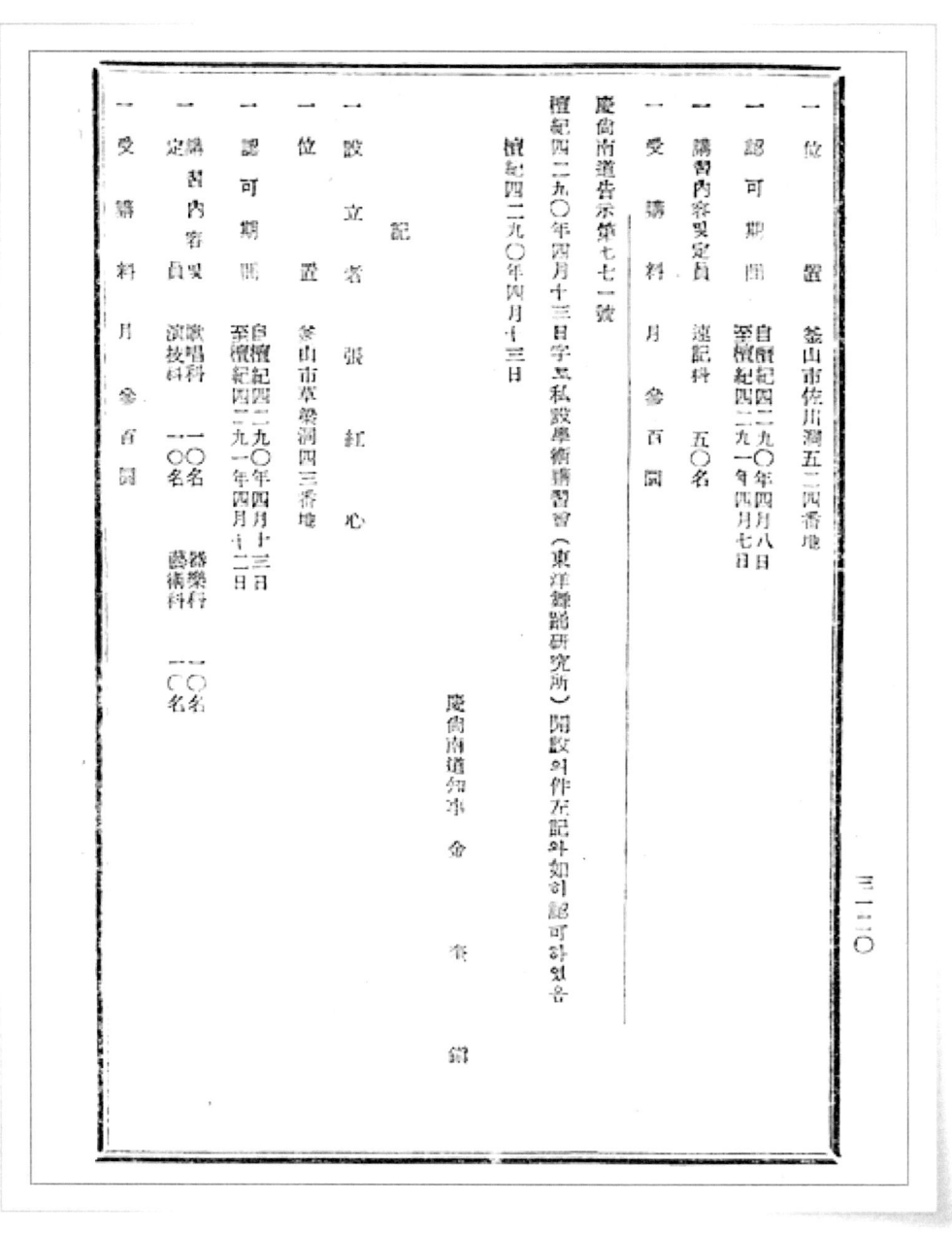

〈그림 4〉 1957년 장홍심 동양무용연구소 개설 인가의 건.
출처: 경상남도 전자공보(1957.4.19.), 고시1957-771.

이를 토대로 추정해보면, 장홍심은 부산에서 무용연구소를 2회 운영했으며, 첫 번째는 1953년의 무용연구소 그리고 두 번째 설립한 무용연구소는 〈그림 4〉와 같이 1957년 설립인가 신청한 무용연구소로서 무용연구소의 명칭은 동일하게 '동양무용연구소'인 것을 알 수 있었다.

장홍심은 무용 수업에서 굿거리와 잦은몰이의 기본춤을 춘 후, 화관무, 검무, 장고춤, 부채춤, 소고춤 등의 소품이 있는 무용작품을 배워 나가는 형식으로 진행하였다. 당시 부산에서 무용을 사사받은 무용가는 양학련이 있으며, 무용가 양학련은 중학교 시절에 장홍심 무용연구소에서 전통 궁중무용을 배웠다고 증언하였다.[49]

1961년 9월 28일 부산시에서는 독농가주부 28명을 초청해 행사를 진행했으며, 이 행사에는 황무봉 무용연구소와 장홍심의 동양무용연구소 연구생들이 참여해 무용공연[50]을 펼쳐 큰 호응을 얻었다. 그러나 1967년 장홍심은 돌연 부산의 모든 활동을 정리하고 서울로 상경하고 만다. 부산에서 무용연구소를 통한 지도자 및 공연 활동을 열심히 하였지만 경제적인 궁핍으로 인해 20년간의 부산 무용 활동을 정리한 것이다.

장홍심은 1967년 초에 서울로 올라와 박초월 국악연구소에서 춤강사로 약 9년간 활동했으며, 조순애, 조영자 등이 문하생으로 있었다. 조순애 명창은 30대 중반에 박초월과 일본 공연을 가기 전에 박초월 학원에서 장홍심한테 검무를 배웠으며, 조영자 명창은 1968년 장홍심씨 문하에서 한국춤을 배우다 70년 명창 박초월씨에게 '흥보가'와 '춘향가'를 사사하면서 소리꾼의 길로 접어들었다. 장홍심의 대표 제자라 할 수 있는 이성자 또한 1967년 박초월 국악연구소에 문하생으로 들어가면서 장홍심에게 무용을 배웠다.[51]

장홍심은 '박초월 국악연구소'에서 무용선생으로 있다가 성동구 중곡동 시장 한복판에 있는 건물 3층에 '장홍심 고전무용교습소'를 열었다. 당시 중곡동의 교습소에서는 김은미·김희연·김지선이 장홍심의 춤을 전수받기 위해 문하생으로 입문하였으며, 자식이 없었던 장홍심은 자신의 춤을 후학들에게 전수하고자 후진양성에 매진하였다.

장홍심의 전통춤은 현재 함북선녀춤과 검무, 살풀이춤, 바라승무, 장고춤이 전승되고 있다. 함북 선녀춤은 2018년 5월 1일에 이북5도 무형문화재 제3호로 지정되었으며, 백두산을 소재로 전승된 민족설화에 기반을 두어 천상 선녀의 비천(飛天)을 아름답게 형상화한 전통춤이다.

장홍심의 선녀춤은 함북선녀춤이라는 이름으로 불리며, 2018년 7월 '함북 선녀춤' 보유자로 이성자(李成子)가 인정되었다. 춤의 특징으로는 선녀 부채의 흐름과 각도 등의 위치가 흐트러지지 않으며, 정확하고 정교한 손놀림이 아름답고 우아한 춤으로서 음악은 느린굿거리, 빠른굿거리, 자진모리로 진행한다.

장홍심은 같이 춤을 배웠던 선후배 동료들이 문화재로 지정된 것과 자신의 처지를 비교하면서 "부산에 내려가 20년 가까이 살며 중앙무대에 늦게 복귀한 것"[52]이 대중들에게 무용가 장홍심이라는 이름을 널리 알리지 못한 이유라고 생각하고 후회하기도 하였다.

장홍심은 자신의 마지막 무용연구소인 중곡동에서 제자들을 양성하던 중 다음 해인 1994년 4월 27일에 생을 마감했다. 현재 장홍심의 제자 중 활동하는 이는 이성자가 유일하며, 스승인 장홍심 선생 타계 후 2000년 1월에 故 명무 장홍심류 춤보존회를 설립하여[53] 함북선녀춤, 함흥검무, 바라승무 등 장홍심의 기반이 되는 전통춤을 이어가고 있다.

(2) 장홍심의 춤과 바라승무의 유래

일생을 춤과 동행한 장홍심은 함흥에서 태어나 배씨 할머니에게 춤을배웠다. 장홍심은 이름도 모르는 배씨 할머니가 이미 칠순에 가까운 나이에 천하장사 씨름대회의 흥을 북돋우기 위해 추는 춤이 홍심에게는 운명을 결정짓는 일이 되었고, 열두 살이 되면서 함흥권번에 입적하여 정남희에게서 가야금 산조와 병창을 떼고 배씨 할머니에게서 춤을 배우며 그때 지어준 '홍심'이라는 예명을 얻게 된다.

당시 함흥에선 설이나 추석 등의 명절날이면 씨름판이 크게 벌어졌는데, 반드시 여흥으로 이어지는 축하공연이 있었다. 거기서 장홍심은 권번동료들과 검무와 포구락 등을 공연하기도 한 것이다. 그 후 조선권번에서 춤과 악기 담당 사범으로 있었던 한성준과 대면하게 되었는데 장홍심은 그날로 직업적인 기생노릇을 작파하고 한성준 문하생이 되어 오로지 춤꾼으로 거듭날 것을 스스로 다짐했다고 한다.[54]

선생님은 검무도 참 좋아... 달라. 지금들 하시는 거하고 달라.

단아하고, 정교하고 좀 정중하다 할까?

하나하나 동작이 오묘한 맛도 있고, 그렇지... 그러기 때문에 내가 이 춤을 좋아하는 거야.

선생님 춤은 투박한 그대로였거든... 한도 많고... 요즘은 변한 거지...

(장홍심 선생님은) 나는 그대로 가지고 있는데 문화재가 못되고 아닌 거는 됐다... 이런 거도 슬프시다 그러셨어... 맞는 말씀이지... 전통은 진짜 전통을 세워야 되지 않느냐, 이런 맘이 드신다고...

우리 선생님이 원래 사랑하신 거는 바라승무하고... 그래 철석바라승무.

바라승무, 노승무 이런 타이틀보다도 철석하는데 한을 승화시킨다고

그래서 이렇게 이름이 불리게 됐고, 그담에 검무... 우리나라에 진짜 그런 검무 없어.

선녀춤도 일반 선녀춤이 아니야... 아주 아름답고, 거기에는 양금이 꼭 들어 가야되! 장구춤도 손춤... 그러니까 기방에서 추는 장구춤... 아름답지... 장구통가지고 놀리기도 하고, 치는 가락도 달라. 또 무당춤도잘 추셨고, 부채춤도 있고, 장검무도 있고, 우리 선생님 포구락! 포구락을 잘 추시고, 그게 또 뭐라고 명명하는 게 있는데 이게 공 넣으면서 추는 그런 춤... 이제 이게 궁중 정재가 된 거지. 그 때는 다른 이름이었는데...

전통 기본춤, 한량무, 진쇠춤 다 추시지. 한성준 선생님 춤은 다 추셨지.

다 받은 거지...

(이성자 인터뷰 내용)

장홍심의 춤 인생은 스물한 살 때 서울로 상경한 후 한성준이 설립한 조선음악무용연구회에 입소하면서 새로운 전기를 맞게 된다. 한성준이 조선음악무용연구회에서 춤사위를 간추려 가르치며, 민속무용의 기본을 정리 할 당시에 최승희, 조택원도 민속춤을 배웠으며, 그의 문하로서는 김천흥, 이강선, 장홍심, 한영숙, 강선영 등이 있다.

표 2. 장홍심의 계보

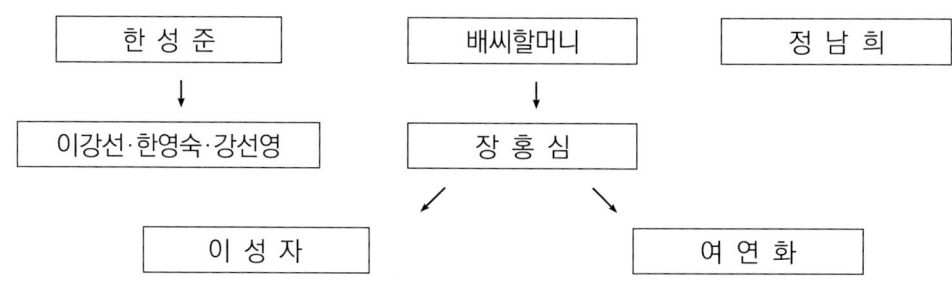

〈그림 5〉. 정현석의 교방가요 중 승무

장홍심은 '조선음악무용연구회'에서 한성준에게 승무, 검무, 한량무, 포구락, 태평무, 선녀무 등을 사사받고 공연활동을 시작하였다. 이 때, 이강선과 이인무로 검무와 태평무를 추었고, 한영숙 등과 살풀이춤도 추었다. 그리고 독무로 바라무 혹은 바라승무를 추었다. 장홍심의 대표적인 춤은 바라승무와 검무라 할 수 있다. 바라승무는 일제강점기시기에 형성된 것으로서 장홍심의 스승인 한성준에 의해 안무되어 유일하게 장홍심에게 전해진 작품이다.

승무는 한성준이 무대화하기 전에는 지금과는 다른 형태로 전해졌다. 승무에 대한 기록은 교방가요를 통해 확인할 수 있으며 그 내용은 〈그림 5〉과 같다.〈55〉

〈그림 5〉는 정현석의 교방가요(敎坊歌謠) (1864년)에 실린 승무의 내용으로서 그림과 함께 승무에 대한 해설이 실려 있다. 위 그림과 글의 내용을 토대로 검토해보면, 당시에 연행되던 승무는 독무 형식이 아닌 극형식으로서 기생과 한량, 노승, 상좌, 소기(少妓)의 인물 구성과 무용극으로 이루어진 것을 알 수 있다.

이러한 극형식의 승무가 변화의 과정을 맞이한 것은 일제강점기로서 극장식 공연이 시작되던 때부터 라고 할 수 있다.

1907년 관기들의 자선공연(56)에서 승무가 공연되었으며, 1908년 광무대 기획공연으로 승무와 같은 형식인 창작 승무 성진무가 공연되었고, 1915년 '시정오년 기념조선물산공진회'에서는 '쌍고사승무' 즉, 2개의 북이 등장하고 4개의 승무로 이루어진 독특한 공연이 있었는데 이를 통해 당시에는 승무의 여러 형태가 있었음을 알 수 있다.

승무는 장홍심의 스승인 한성준에 의해 안무된 것으로서 1935년 부민관에서 신작으로 승무를 발표하였으나 큰 성공을 이루지 못하였다. 1935년 부민관 공연의 사회는 만담가로 유명한 신불출이 맡았는데 신불출은 관객 유치를 위한 홍보에서 "승무는 이조 때 명기 황진이가 지족선사를 파계시키기 위해서 유혹하는 춤을 춘데서 시작되었다"고 소개하면서 승무에 대한 불교계의 반발을 사게 된 것이다.

뿐만 아니라 한성준이 공연 초반에는 장삼에 고깔을 착용하고 추다가 후반부로 가면서 장삼과 고깔을 벗으면서 춤을 추었는데, 이와 같이 겉에 걸친 장삼을 벗는 과정을 불교계에서는 성적인 행위로 받아들이면서 반발을 산 것이다.(57)

당시 한성준은 장삼에 고깔을 착용하고 심오한 불교의 세계를 표현하다가 춤이 절정에 달하자 장삼과 고깔을 벗어버리고 원초적인 삶의 세계를 표현하였다. 하지만 관객들은 불교를 모독하고 불교계에 악영향을 끼친 것이라며 거세게 항의하는 소동이 벌어졌다.

불교 신도들은 조선 총독부에 진정서를 제출하였고, 진정서를 받은 조선총독부 경무국은 한성준의 승무 공연을 '풍기문란'이라는 죄목으로 공연을 하지 못하도록 하였으며 승무를 공연할 시에서는 승무의 형태를 변형해야 한다고 한 것이다.

어쩔 수 없이 한성준은 승무를 바라춤으로 고치고 승무의 중간에 법고를 치는 장면 대신 바라를 치는 장면으로 바꾸어 공연할 수밖에 없었다.

이렇게 되자 승무를 바라춤이라 고치게 되었다. 실제로 1938년 '조광회' 주최로 열린 '고전무용대회'에서는 승무를 바라무(승무)라는 명칭을 사용하여 공연했다. 또한 바라무라는 용어에 승무를 부제로 달아 공연하기도 하였다. 그리하여 〈바라승무〉라는 춤 명으로 무대에 올려 질 수 있었다.

한성준은 당시 상황에 대해 "부민관에서 한번 공연한 다음부터는 승려들이 항의를 하여 그 후부터는 당국서도 승무는 공연을 허가해주지 않았다"고 설명하면서 승무 공연의 어려운 상황에 대해 회상하였다. 또한 1940년 일본 순회공연을 하던 중 북놀음을 위해 세워둔 북 한가운데에 태극 문양이 있어 일제가 이를 문제시하며 공연을 중단시키기도 하였다.[58]

이처럼 일련의 상황 속에서 법고놀음이 있는 기존 원형 그대로 공연하기에는 여러 문제가 발생할 수 있기에 결국 법고를 치는 부분을 없애고 바라를 들고 추는 새로운 형식의 춤으로 변형되어 공연되었으며, 작품명 또한 승무에서 '바라무'로 변경해서 공연하게 되었다.

김천흥도 당시 승무공연을 둘러싼 여러 상황을 설명하면서 스승인 한성준이 승무로 공연을 할 수 없게 되자 승무를 바라춤이라 이름을 고치고 춤은 승무를 그대로 추되 북치는 장면에다 바라를 치고 의상을 벗는 부분을 삭제하고 춤을 추게 했다고 증언하였다.[59]

이렇게 바라승무를 창작한 한성준은 근대시기 전후 가장 영향력 있는 예인으로 활동하였고 무용계에서 큰 업적을 남긴 인물이지만 명고수(鼓手)로 왕성한 활동을 하며 530번에 달하는 유성기음반 녹음에 참여 하였다.[60] 한성준의 무용사적 업적은 전통을 기반으로 새로움을 재정립하며 창안한 것이다.

1934년 스물한 살 장홍심은 조선권번에서 한성준과 운명적 조우(遭遇)로 그의 문하생이 되었다. 본격적으로 춤을 배우기 위해 서울로 상경 후 한성준이 설립한 '조선음악무용연구회'에 입소한 것이다. 그때 장홍심의 나이 20세였다.

춤 잘추는 시골 소녀가 한성준에게 발탁되어 '조선음악무용연구회'에서 민속무용의 기본 춤을 배우고 연배가 위인 이강선과 후배 한영숙, 강선영 등과 활동하며 검무, 태평무, 한량무, 진쇠무, 승무, 포구락 등을 배웠다.

'조선음악무용연구회'에서는 이강선과 2인무로 검무와 태평무를 추었고, 한영숙과는 살풀이춤, 독무로는 바라무(바라승무)를 추었다. 그 중에서도 장홍심은 바라승무와 검무를 대표적 춤으로 내세웠다. 그의 문하생으로 최승희, 조택원, 김천흥, 이강선, 장홍심, 한영숙, 강선영 등이 있었다.⟨61⟩

'조선음악무용연구회'가 1937년 한성준, 김석구, 김덕진, 김선, 장홍심 등이 발기인으로 별도로 조직하며 단체의 성격이 무용이긴 하지만 음악과 함께 항상 연행했으며,⟨62⟩ 회원 30명 전원이 출연하는 조선의 유일한 고전무용 단체였다.⟨63⟩ 조선음악무용연구회는 창립을 알리기 위해 1938년 1월 37가지 춤을 소개하고 28종목만 추었고,⟨64⟩ 조광회 주최로 1938년 전국무용대회가 열리는데 이 대회에서 승무가 아닌 바라무(승무)라는 명칭을 사용하였으나, 반대에 부딪혀 바라무 용어에 승무라는 부제를 붙여 공연 하였다.⟨65⟩ 승무는 한성준도 직접 출연하였을 정도로 한 시대를 풍미하고, 그때 장홍심은 바라를 치기도 하였다.

또한 북을 치는 장면에서도 북놀음을 위해 세워둔 북 한가운데에 있는 태극 문양을 일제가 문제시하는 등 복식과 북에 대한 일련의 문제로 공연에 대한 어려움이 생기자 북을 치지 않고 바라를 들고 추는 새로운 형식의 승무인 '바라승무'가 안무된 것이다.⟨66⟩

위와 같은 과정을 통해 안무된 '바라승무'는 장홍심에게 전승되었으며, 장홍심을 대표하는 작품으로 인정받았다. 1939년 5월 23~25일에 대구극장에서 국창이동백씨의 은퇴 공연에서는 직접 바라승무를 추기도하여 큰 호응을 받았다. 일제강점기 당시 바라승무의 공연모습을 살펴보면, ⟨그림 6⟩과 같다.

⟨그림 6⟩ 바라승무
출처: 연합뉴스, 2011년 12월 19일.

〈그림 6〉은 한성준 제자들의 바라승무의 공연모습으로서 연낙제에서 연합뉴스로 제공한 그림이지만 아쉽게도 공연한 제자가 누구인지 몇 년에 공연한 것인지는 정확하지 않으나 바라무가 초연된 1937년에서 한성준이 타계한 1941년 7월 전으로 추정되고 있다.

〈그림 6〉의 복식을 보면 하얀 고깔에 까만 장삼을 입었는데 장홍심은 "바라승무를 노승무라 하기도 하여 일반승무가 보통 장삼놀음과 북놀음으로 구성되는데 반해 노승무 또는 바라승무는 장삼춤과 바라춤으로 이루어져 있다는 점이 색다르다. 그리고 보통의 승무가 흰 고깔에 흰색 장삼과 붉은 가사를 두르는데 반하여 노승무 또는 바라승무는 흰 고깔, 흰 바지저고리 차림에 검은색 장삼을 입고 붉은 가사를 두른다."[67]고 바라승무에 대해 설명하였으며 이를 통해 당시 바라승무는 바라무 혹은 노승무로 불리었으며 일반적인 승무와 춤 형식과 복식이 많이 다름을 알 수 있었다.

바라승무는 일제강점기라는 특수한 상황과 종교계의 반발로 인해 차선책으로 안무된 작품이었으나 아이러니하게도 당시 공연장에서는 바라승무에 대한 인기가 높았다.

바라승무의 초연은 1937년 12월 28일 조선음악무용연구회 창립기념공연으로서 근거자료로는 당시 창립공연의 춤 종목 중 바라춤이 공연되었다는 동아일보의 기록을 들 수 있다. 당시 동아일보에 기록된 공연 종목은 "왕의 춤, 영의정춤, 급재춤, 도승지춤, 진사춤, 금의화등춤, 노장승춤, 승전무, 상좌무, 배따라기춤, 남무, 사고춤, 학춤, 토끼춤, 배사공춤, 서울무당춤, 영남무당춤, 전라도무당춤, 충청도무당춤, 샌님춤, 하인춤, 영남덕백이춤, 캐지랑칭칭, 서울 딱딱이춤, 취바리춤, 노색시춤, 대전별감춤, 금부나장이춤, 홍패사령춤, 화장아춤, 도련님춤, 한량춤, 도사령춤, 군보사령춤, 팔대장삼춤, 바라춤"으로 맨 마지막에 바라춤이 기록되어 있다.[68]

1938년 5월 2일 향토연예대회 중 고무용 대회에서 공연한 작품을 살펴보면, "승무, 단가무, 검무, 한량무, 신선음악, 상좌무, 살풀이춤, 사자무, 태평무, 학무, 급제무, 사호락유"로 총 12작품을 공연하였다. 이 공연에는 첫 번째로 승무가 공연된 기록[69]이 있는데 불교계에 논란의 중심이 되었던 승무인지 변형된 바라승무인지는 확인되지 않는다. 다만 1938년 6월에 공연한 춤 종목 소개에는 바라무로 명칭이 변경[70]되어 공연되었으며 그 이후의 공연에서도 바라무 혹은 노승무로 춤 종목을 설명한 것을 당시 기록을 통해 확인할 수 있다.

이는 승무와 바라승무가 확실히 구분되어 공연된 것으로 볼 수 있으며 법고놀음이 들어간 승무는 공식적으로 공연할 수 없었기에 공연에는 바라승무 중심으로 진행하고 무용교육과정에는 승무를 가르쳤을 것으로 추정된다.

승무와 바라승무가 분리되어 따로 교육된 것으로 추정되는 것은 한성준의 승무가 한영숙을 통해 전승되었으며 바라승무도 장홍심을 통해 이어온 것을 근거로 볼 수 있다.

장홍심이 독무로 바라승무를 공연한 공식적인 기록은 1939년 5월 23~25일 명창 이동백의 은퇴공연으로 장홍심은 당시의 공연에 대해서 염불, 도도리, 굿거리, 잦은 몰이, 당악, 동살풀이로 승무를 춘 다음 늦은 잦은몰이, 허튼타령으로 이어진 바라춤이 이동백의 새타령과 함께 관중을 사로잡았다고 회고하였다.[71]

〈바라춤〉에 안무과정에 대해서 장홍심의 회고내용을 살펴보면, "고향에 있을 때 어떤 노승(老僧)에게 바라춤을 배운 적이 있지만, 그 때는 그 춤이 심심했었는데 한성준 선생은 그 춤을 아주 재미있게 만들어 주어서 신이 나서 추었다[72]고 설명하였는데 이러한 주장을 뒷받침 해주는 것은 강선영의 인터뷰 자료를 통해서이며 이 자료에 따르면 바라춤은 한성준이 장홍심에게 안무해준 작품이라고 증언하였다.[73]

즉, 장홍심의 바라승무의 형성은 일제강점기 불교계의 항의와 일제의 승무공연 불허의 조치로 인해 작품 형성이 이루어진 것을 알 수 있으며 형태는 승무를 변형한 작품으로 봐야 할 것이다. 그러나 이처럼 복잡한 상황 속에서 만들어진 작품이 인기를 끌면서 공연되었으며 이를 통해 장홍심의 대표작품의 하나로 전승될 수 있었다.

그러나 '조선음악연구회'가 1940년 2월 27일에 개최한 〈도동기념공연〉부터는 장홍심 명단을 찾아 볼 수 없었다. 장홍심의 나이 27세(1940년)이며 16세 많은 연상과의 결혼으로 인하여 활동을 중단한 것으로 사료된다. 장홍심은 7년 동안 결혼 생활을 하지만 아이를 갖지 못한다는 이유로 1945년 4월 함흥 고향으로 낙향한다.[74]

승무는 한성준이 직접 출연하기도 하였을 정도로 한 시대를 풍미한 무대의 꽃이라고 불리 울 정도였다 한다. 거기서 장홍심은 바라를 치기도 하였으며 이동백씨의 은퇴공연에서는 직접 바라승무를 추기도 하여 큰 호응을 받았다 한다.

장홍심은 검무보다 승무를 더 좋아했고 당시에는 거의 대부분 승무와 검무위주로 출연하여 공연이 이루어 졌음을 짐작할 수 있다. 그리고 장홍심의 생애에서 보았듯이 장홍심은 전통춤만 춘 것이 아니라 화관무, 장고춤, 소고춤, 부채춤, 무당춤, 선녀무 등의 신무용을 안무하기도 했다.

장홍심은 그 성격만큼이나 전통춤 그대로의 원형을 고집하였고, 또 파란만장한 인생만큼이나 그 춤에 많은 한이 배어 있었다고 이성자는 말한다. 결과적으로 장홍심의 춤은 힘이 있고 절도가 있으면서도 단아하고 직선적이며, 또 한을 승화시킬 줄 알며, 다소곳하고 아름다운 춤을 추었을 것으로 사료된다.

2) 장홍심류 바라승무의 전승과 발전

한성준이 안무한 바라승무는 유일하게 장홍심이 계승하여 발전시켰으며 다른 제자들은 바라승무보다는 승무 중심으로 활동하였다. 장홍심의 무용 활동 및 바라승무의 발전과정은 무용에 입문했던 함흥권번 시기를 제1단계로 들 수 있다. 이는 바라승무하고는 직접적인 상관은 없으나 장홍심 춤의 원류라고 할 수 있기에 함흥권번 시절을 빼고는 장홍심 춤을 거론할 수 없다고 할 수 있다.

언급한 것처럼 장홍심은 1924년 함흥권번에 춤 선생으로 있던 배씨 할머니(배국희)에게 무용을 배우다가 1925년(12세) 함흥권번에 들어가 본격적으로 무용에 입문하였다. 함흥권번 시절 장홍심은 검무를 비롯, 살풀이춤, 바라춤, 포구락, 항장무 등을 배웠으며, 발디딤에서 손동작, 몸동작 나아가 호흡에 이르기까지 춤의 기본기를 엄격하고 철저하게 교육받았다.〈75〉

당시 함흥권번의 수업과정에는 포구락과 항장무 등의 궁중정재와 함께 바라춤이 기본적인 과정으로 있었다. 함흥권번에서 10년간 무용기본을 철저히 교육받은 장홍심은 전통춤 예인으로서 발전하고자 하는 욕구에 의해 함흥권번을 떠나서 한성준이 선생으로 있는 조선권번에서 춤을 배운다.

장홍심이 1934년부터 1940년까지는 조선권번에서 학습하고 '조선음악무용연구회'에서 한성준 문하에서 바라승무를 본격적으로 공연하며 활동했던 시기였다.

바라승무는 불교계의 반발과 일제강점기의 여러 불안한 여건 속에서 창작된 것으로서 장홍심을 대표하는 작품으로 꼽히고 있다.

장홍심은 결혼으로 인해 멈추었던 2년 이외에는 함흥과 1942년부터 부산으로 피난한 1951년까지 바라승무를 완성하게 된다. 장홍심은 1940년경에 16살 연상의 김홍진과 결혼하면서 무용 활동을 할 수 없게 되었으나 아이를 못 낳는다는 이유로 이혼하고 1942년 고향 함흥으로 돌아가게 되면서 해방과 함께 북한에 발이 묶이게 되었던 것이다.⟨76⟩

장홍심이 함흥에서 활동할 당시 북한은 정부 수립과 더불어 사회주의 체제를 정비하고 강화시키던 시기였기에 예술가들이 활동을 하기에는 여러 어려움이 있었다.

장홍심은 광복 후 함흥음악동맹에 있으면서 김일성 면전공연과 함께 최승희 단체에도 불려 다니면서 실력을 인정받았으나 봉건사상이 짙고 사상이 불순하다는 죄목을 붙여 비판받고 음악동맹에서 축출 당한다. 음악동맹에서 축출 당한 장홍심은 함흥에서 활동하기에는 위험하다는 생각에 1951년(38세) 1.4후퇴 때 해군 군함에 숨어들어 부산으로 월남하였다.

장홍심이 부산에서 활동하던 시기는 1951년부터 1966년으로서 이 시기를 4단계로 볼 수 있다. 장홍심은 부산에 연고지가 없었던 관계로 당시 부산에서 활동하던 '이매방 연구소'에서 신세를 지면서 선생으로 활동하게 되었다. '이매방 연구소'에 있으면서 활동하던 때가 장홍심의 바라승무의 발전에도 영향을 미쳤다. 장홍심에게 이매방이 승무가락을 전수하고 이매방은 장홍심에게 함흥검무를 배우는 등 무용교류를 통해 서로 발전하는 계기가 된 것이다.

장홍심은 부산에서 무용연구소를 설립해 10년 이상 활동했으나 경제적으로 궁핍하였으며 이에 1967년 1월 서울로 상경해 '박초월 무용연구소'에서 9년간 무용선생으로 있으면서 후학을 양성하기 시작하였다. 1967년부터 시작된 서울에서의 무용 활동의 마지막 시기로 볼 수 있다.

박초월은 송만갑, 정광수 등의 명창을 사사하였으며 1933년 발족된 '조선성악연구회'에 소속되어 활동하면서 장홍심과도 인연을 맺게 되었다. 박초월은 1955년에 서울에서 여류명창 박귀희, 김소희 등과 함께 한국민속예술학원을 설립하였으며, 한국민속예술학원에서 장홍심이 춤을 가르칠 무렵에는 '박초월 국악원'이라고 불리었다.

장홍심이 대중들에게 알려진 것은 1984년 명무전을 통해서며, 바라승무와 검무를 공연하였다(매일경제, 1984. 9. 21). 장홍심의 바라승무는 이때부터 대중들에게 인식되었으며, 1996년에는 무형문화재보고서에 기록되기도 하였다. 장홍심은 후계양성에도 많은 관심을 가지고 있었다. 장홍심의 바라승무 전승계보를 살펴보면 〈표 3〉과 같다.

표 3. 바라승무 전승계보

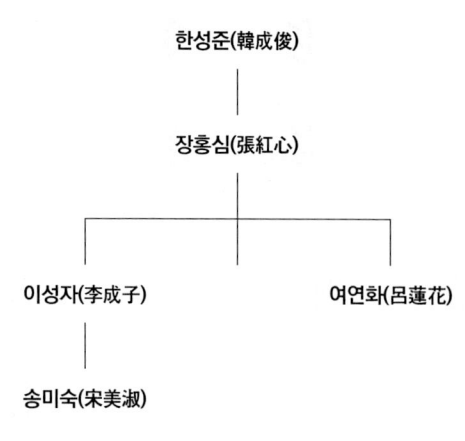

〈표 3〉과 같이 장홍심의 바라승무는 한성준에게서 전수받았으며, 장홍심의 춤은 이성자와 여연화가 이어받았으나 현재는 이성자만 활동하고 있다. 이성자는 1967년 '박초월 국악연구소'에 문하생으로 들어가면서 장홍심에게 무용을 배웠다. 장홍심의 사후 2000년 초에 바라승무로 경기도 무형문화재 지정 신청하였으나 반려되었고, 2018년 7월 장홍심의 '함북 선녀춤' 보유자로 이성자(李成子)가 인정되었다.

이성자에게서 바라승무를 전수받은 제자는 송미숙이다. 현재 송미숙은 진주교육대학교 교수로 있으며, 장홍심류 전통춤 전승보존회 회장을 맡고 있다. 매년 연수회, 공연활동, 학술세미나개최등으로 장홍심전통춤을 올곧게 전승하기위해 노력하고 있다.

서울에서 활동한 장홍심에 대해서 신문지면에 처음 등장하게 된 것은 1984년 명무전을 통해서 이다. 장홍심은 1984년 9월 말에 한국일보사와 국립극장이 공동 주최했던 '제 11회 한국명무전'에서 바라승무와 검무를 공연하였다.[77] 1984년 당시 공연모습을 살펴보면, 〈그림 7〉과 같다.

<그림 7> 장흥심 바라승무

출처: 구희서(1985). 韓國의 名舞.
서울: 한국일보사, p.147.

<그림 7>은 한국일보사에서 촬영한 1984년 공연모습이다. 장흥심의 1984년 공연은 당시 공연영상(제11회 한국명무전 공연영상, 1984년 9. 27)을 통해 확인하였으며, 영상에서 확인한 바에 따르면 일반 승무와는 다른 장흥심만의 바라승무의 완성된 모습을 확인할 수 있었다. 우선 하연 고깔에 검은 장삼 그리고 바지저고리 형식의 복식은 현재 일반적으로 공연되던 승무와는 궤를 달리하고 있으며 전반적으로 불교의 바라춤과 비슷하여 불교 의식무에 더 가까운 모습이었다.

승무에서 북을 치며 마무리하는 것이 보편적으로 되었지만 한성준에 의해 장홍심으로 전수된 바라승무는 북 대신 바라춤을 추어 마무리 한다. 그것은 장홍심에게 만 전수된 것으로서 유일하다 할 만큼 희소성이 있다. 하지만 그 희소성보다 더 가치 있는 것은 바라승무만의 독창적이고 예술적인 부분이 춤사위에 내재되어 있다는 것이다.

한성준에게 있어 승무는 그의 공연에서 가장 중요한 레퍼토리 중 하나였으며 그가 직접 추기도 하였다. 거기서 장홍심은 그가 승무를 출 때 바라를 쳤다고 한다. 한성준은 장홍심이 바라를 잘 치고 또 어울린다 하여 승무에 법고 대신유일하게 바라춤을 추게 한 것으로 이성자는 말한다.

즉 한성준의 승무에는 장삼자락 춤사위 후에 북을 치는 것과 바라를 치며 바라춤을 추는 것으로 나누어진다 할 수 있는데 한영숙의 승무는 북을 치며 마무리 하고, 장홍심은 바라춤을 추어 마무리 하는 것이 그것이다. 그래서 장홍심류 바라승무에는 한영숙류 승무에 필연적인 당악과장이 없는 것이다.

> 한영숙 선생님은 우리 선생님하고 같은 선생님 문하에서 춤을 추셨는데 다른 선생님들은 북으로 하셨고, 우리 선생님은 허우대가 좀 크시기 때문에... (한성준 선생님이) 그래서 바라가 맞겠다... 해서 특별히 선생님만 가르쳐 주신 거지...
>
> 호남승무하고는 차이가 많지. 우리는 재인청 춤이기 때문에 좀 시원시원하거나 그렇고 호남승무는 좀 감칠맛이 있고... 우리는 시원시원하게 뿌리고 이매방 선생님은 감아서 뿌리고... 직선적이고 곡선적인 변화가 많이 다르지. 바라춤은 북 대신 들어가기 때문에 승무가 끝난 다음에 바라로 들어가는 거지... 북을 치면 동살풀이랑 당악 이런 게 들어가는데 인제 바라가 들어가니까 그런 걸 빼니까. 음악적으론 그런 게 틀리지... 당악하고 동살풀이는 북칠 때만 들어가는데 우리 선생님도 북을 치시면 인제 그게(당악) 들어가시고...
>
> (이성자 인터뷰 내용)

바라승무는 우아하고 기교적이며 곡선적인 이매방류보다는 간결하고 단아하며 직선적인 한영숙류에 더 가깝다 할 수 있겠다. 하지만 같은 뿌리의 두 종류 승무는 각각의 특색에 맞게 전승되었기에 춤사위를 논하지 않는다 해도 무복 및 음악 등에서도 많은 차이를 보인다.

한성준의 북으로 마무리하는 승무는 한영숙에 이어 정재만과 이애주로 보존계승의 발판이 마련되었지만, 바라로 마무리하는 바라승무는 그 가치를 인정받지 못하며 사라질 위기에 처해 있다. 현재 여러 종류 및 류파의 승무가 계승 보존 되고 또 활성화 단계를 거치고 있는 현실이지만 장홍심류 바라승무는 그것만의 독창성과 희귀성 등 여러 가지 역사적, 문화예술적 가치를 동시에 지니고 있음에도 계승 보존에 많은 어려움이 따르고 있는 것이 현실이다.

많은 사람들이 바라승무의 가치를 인정하지만 전승에는 인색한 냉정한 현실 앞에서 이성자는 스스로 상처를 많이 받았다고도 했다. 그래서 장홍심의 생전 그 마음을 알 것 같다고 자주 말하기도 한다.

비록 장홍심류 바라승무가 문화재로 지정받지는 못했지만 한성준에서 장홍심으로 이어져 온 전통춤이 후대에 장홍심과 그 춤의 가치가 재평가되고 보다 활발한 전승이 될 수 있는 디딤돌이 되는 것이 큰 바람이다.

II

바라승무의 구성형식

1 무복

1) 저고리, 바지

장흥심 바라승무의 복식은 다음과 같다.

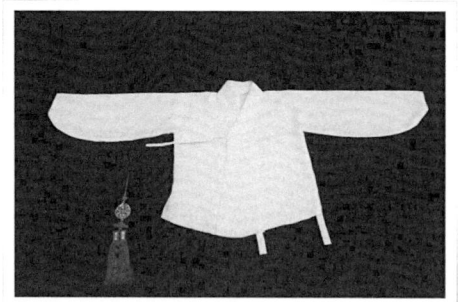
<그림 8> 저고리

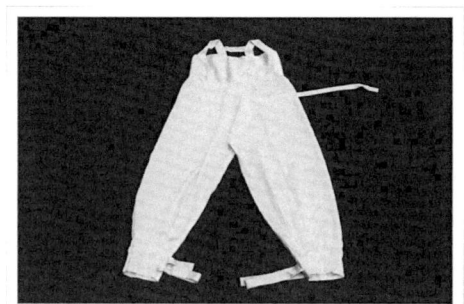
<그림 9> 바지

장흥심류 바라승무는 일반적인 승무가 치마와 저고리로 이루어진 것과 다르게 성별에 상관없이 무용수 모두 흰색 바지저고리, 혹은 옥색 바지저고리를 입는다.

2) 고깔, 행전

<그림 10> 고깔

<그림 11> 행전

고깔은 승려가 쓰는 건(巾)을 말하는 것으로서 〈그림 10〉과 같이 하얀색으로 구성되어 있으며, 종아리 부분 또한 바지와 같은 색상의 행전을 하고 있다.

3) 장삼

〈그림 12〉 장삼

〈그림 12〉는 장흥심류 바라승무에서 착용하는 장삼으로서 타류파의 승무와 가장 비교되는 복식이라고 할 수 있으며, 이와 같은 흑색 장삼은 장흥심류만의 독특한 특징이라고 할 수 있다.

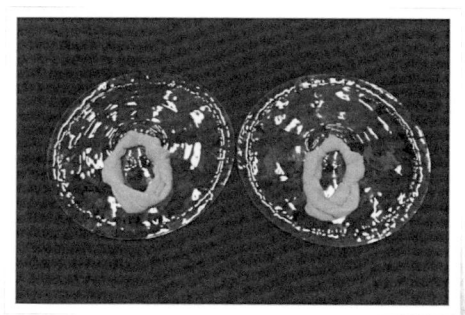

〈그림 13〉 바라

〈그림 14〉 북채

장흥심은 생전 대바라(지름 38cm)를 주로 사용한 것으로 보이나 현재 연행되고 있는 바라는 이보다는 작은 중바라를 사용하고 있으며, 북채는 일반적인 승무에서 사용하는 것과 동일한 형태를 사용하고 있다. 이 외에도 바라춤을 출 때 무복의 형태가 흐트러지지 않도록 장삼자락의 트임을 어깨 위의 팔부분에서 부터 낸 것이 특징이라 할 수 있다.

2 반주음악

1) 반주음악의 이해

　무용 반주음악은 주된 예술형태인 '춤'을 연행할 때 연주되는 음악의 모든 형태를 말한다. 음악과 춤은 오늘 날까지 오랜 상관성을 가지고 함께 해왔는데 삼국시대의 제천의식부터 이어진다 할 수 있겠다. 이처럼 전통예술의 근간인 종합예술형태를 통해 음악과 춤은 하나의 기원으로 설명할 수 있으며 서로의 예술성을 존중하면서 하나의 예술작품으로 그 가치를 인정받고 있다. 또한 무용에서 수반되는 음악은 작품으로서 완성도를 고려할 때 배제될 수 없는 존재이며, 예술성과 완성도를 높이는데 필요불가결한 첫 번째 조건이라 밝히고 있다.[78]

　특히, 민속 무용음악은 악사들이 이동이 수월하고, 즉석에서 효율적으로 구성이 이루어 질 수 있도록 작은 규모의 편성이 일반적이다. 타악기만으로 반주되는 춤도 있고 삼현육각, 그리고 독주악기로 반주되는 사례가 있다. 타악기만의 무용 반주음악은 굿거리, 자진굿거리, 타령과 같이 장단명이 곡 이름으로 지정되는 경우이다.

　또한 민속춤의 반주음악은 대부분 즉흥성이 가미되어 있으며, 춤을 연행하는 사람과 음악을 연주하는 사람이 서로의 예술세계를 공유하고 깊은 차원의 공감이 있어야만 작품으로서의 가치를 가진다. 일반적으로 승무는 공통적으로 불교에 기원을 두고 각기 다른 유형의 민속과 습합되고 타 장르의 영역과 결합되어 탄생된 민속춤이라는 점에서 종합예술적이다. 특히 바라승무는 장홍심(1914-1994)에 의해 전승된 승무로 기존의 법고연주 대신 바라를 연주하는 '바라승무'임에 주목한다. 기존의 '승무'에서 '바라승무'로 춤을 명명함으로써 음악적 변화를 예고하고 색다른 시도를 첨철하여 창조적 전통을 계승하는 결과를 낳았다.

장홍심류 바라승무는 한성준에게 영향을 받은 장홍심의 개인적 예술기량이 발휘되어 탄생된 춤이다. 예술기량을 알아본 스승 한성준이 자신의 춤 사위 위에 장홍심이 바라연주를 할 수 있도록 기반을 마련해주었으며 더 나아가 장홍심의 음악연주 능력을 발휘할 수 있도록 법고대신 특별히 바라춤을 추게 하였는데 이는 기존의 전통성에서 새로운 창조성을 더하는 오늘날 전통예술의 맥을 올바르게 이어온 예로 볼 수 있겠다.

2) 승무 반주음악의 이해

장홍심은 함흥권번 출신으로 스승인 한성준의 영향을 많이 받았다. 이는 음악에도 드러났는데 전체적인 반주음악의 형식은 축제음악이라 종교의식, 산발적인 경기·서도 지역의 음악적 특징을 담은 '대풍류'의 구성을 따르고 있다. 현재 전승되는 대풍류는 크게 세 가지로 구분할 수 있다.

첫째, 피리나 대금, 해금 등 대나무로 만든 관악기가 중심이 되는 관악합주편성의 음악인 대풍류이다. 피리 중심의 관악합주인 대풍류는 악기 편성은 삼현육각(三絃六角), 즉 피리 2·대금 1·해금 1·장구 1·좌고 1로 편성된다. 상영산-중영산-세령산-가락덜이-삼현도드리-염불도드리-타령-군악의 순서로 구성되어 있는 일종의 모음곡이며, 삼현도드리와 염불도드리 사이에 하현도드리가 없는 점이 현악영산회상과 다르다.

이 곡의 특징은 매 장단 장구의 점수(點數)는 일정하지만 자유로운 리듬으로 연주하기 때문에 매 장단의 연주시간이 일정하지 않고 불규칙적인 리듬이 생긴다는 것이다. 또한 주선율을 연주하는 피리가 한 장단을 끝내고 나면 대금·해금(소금·아쟁) 등 나머지 악기들만의 짧은 가락이 이어지는 연음형식(連音形式)으로 되어 있다는 점도 주목할 만하다. 궁중음악의 음악적 특징을 따르고 있으며 아정하고 절제된 음악표현이 돋보인다.

이처럼 관악영산회상 대풍류는 현재 기악곡으로 주로 연주되나 상현, 염불, 타령은 정재(呈才)의 반주음악으로도 많이 사용된다. 또한 상영산을 무용반주에 사용하기 위하여 부분적으로 변주시켜 어느 정도 허용되는 리듬과 선율의 불규칙성을 무용반주에 적합하도록 다듬어 연주하는 방식은 '향당교주(鄕唐交奏)'라고도 한다.

둘째, 취타풍류라고 불리우는 대풍류이다. 조선시대에는 임금이나 고관(高官)의 행차, 군대의 행진 때 세악수가 악기를 연주했다. 일제강점기 이후 이 악곡들을 실제 행진에서 연주하는 전통은 단절되었지만 감상용 음악으로 연주하면서 취타풍류라는 명칭을 사용하게 되었으며 악기편성은 피리 2·대금 1·해금 1·장구 1·좌고 1 등의 삼현육각 편성이다. 주로 조선 후기 세악수의 전통을 잇고 있는 국립국악원 정악단이 연주하는 취타-길군악-길군악돌장-길타령-염불타령-삼현타령-별곡타령의 구성을 지니고 있다.

셋째, 경기지방을 중심으로 축제음악, 무용반주, 종교의식에 사용되었던 산발적인 가락을 민속음악의 명인 지영희가 집대성하여 구성한 곡인 경기대풍류이다. 대풍류의 악기구성은 두 대의 피리와 한 대의 대금·해금·장고·좌고 등 일반적인 삼현육각의 구성을 따르지만 언제, 어느 때에 연주되느냐에 따라 편곡되어 삼현육각에 없던 현악기까지 추가하여 예술형태를 더욱 풍성하게 연주하기도 한다.

기악 합주곡으로 연주되는 대풍류는 긴염불(염불타령-반염불-삼현타령-느린허튼타령-중허튼타령-자진허튼타령-굿거리-자진굿거리-휘모리(당악)으로 구성되어 총 아홉 곡을 연주하는데, 이와 같은 악곡 구성은 일반적인 승무의 반주악곡 구성과 유사하다.

표 4. 대풍류 악곡 구성 및 장단 수[79]

순서	악곡 명	장단 명	장단 수
1	긴염불	도드리	12
2	반염불	도드리	6
3	삼현타령	타령	6
4	느린허튼타령	타령	12
5	중허튼타령	타령	24
6	자진허튼타령	자진 타령	24
7	느린굿거리	굿거리	13
8	자진굿거리	자진 굿거리	13
9	휘모리(당악)	휘모리	56
	느린 굿거리	당악이 끝난 후 느린굿거리 3장단을 뒤이어 연주하고 끝냄	

경기 대풍류의 시작하는 모음곡인 '긴염불(염불타령)'은 아주 느린 6박의 도드리장단(♩.=20)으로 시작된다. 이는 '반염불'보다 약 세배 정도 느린 속도로 전통음악 중에서 가장 느린 도드리장단이다. 또한 '긴염불'은 '삼현타령과'함께 장별 구분이 있는 것이 특징적이다. 두 장단을 한 단위로 1장, 2장, 3장으로 나뉘며 쇠는 가락 역시 쇠는 1장과 2장으로 나뉜다.

두 번째 곡인 '반염불'은 '긴염불'의 잔가락을 덜고 속도를 빨리한 곡으로 앞의 곡과 짝을 이루는 특징을 보이고 있다. 선율 또한 비슷하게 진행되나 반염불은 '반'이 짧다는 뜻을 지니고 있으므로 반드시 긴염불 뒤에 붙여서 연주한다. 3소박 6박 장단으로 한 장단을 이룬다. 그 다음 곡인 '삼현타령'은 네 번째 곡인 '느린 허튼타령'으로 가기 위한 다리 역할을 하는 곡이다. 원래 3장으로 된 곡이나 대풍류에서는 1장만 연주하고 넘어간다.

다음으로 '느린허튼타령'이 이어지는데 이 곡에서 '중허튼타령'과 '자진허튼타령'이 파생되었다. '느린허튼타령'에서부터 연주 속도 및 가락에 변화를 주면서 '중-자진허튼타령'으로 점점 빨리 몰아간 후 '휘모리'까지 이어진다. 마지막 곡인 '휘모리'는 가장 빠른 곡으로 두 장단이 하나의 선율 단락을 형성하는 모습을 보이며, 장별 구분이 없고 피리만 연주하는 쇠는 가락이 있다.

'쇠는 가락' 이란 높인다는 뜻이며, 다양한 연주방법이 있으나 본 연주에서는 실제 악기연주에서 보통의 가락에서 한 옥타브 올려서 강조해주며 연주하는 것을 쇠는 가락이라고 한다. 그리고 '늦은 굿거리'의 처음 세 장단을 연주하면서 음악이 끝나는데 이는 빠른 속도로 연주된 음악의 긴장감을 느린 장단으로 이완시키기 위함으로 해석된다.

대풍류의 장단은 크게 6박 장단과 4박 장단으로 나눌 수 있는데, 6박의 도드리장단은 '염불타령', '반염불', '굿거리'에 사용된다. 도드리 한 장단과 굿거리 반 장단의 리듬꼴이 같고 장고 채편을 '더러러러' 떠는 위치가 같으며 도드리장단을 빨리 몰아쳐 두 번 반복하면 굿거리장단의 기본형태가 되기 때문에 굿거리장단은 도드리장단에서 변화되어 만들어진 장단으로 볼 수 있다. 4박의 타령장단은 곡명에서도 나타나듯이 '삼현타령', '느린허튼타령', '중허튼타령', '자진허튼타령'에 사용되며 느린허튼타령을 타령장단의 기본으로 하여 조금씩 빨리 몰아치면 '휘모리'장단까지 이어진다.

이와 같이 아홉 곡으로 구성된 대풍류의 전통적 쓰임새를 살펴보면 크게 세 종류의 음악으로 구성되어 있는 것을 알 수 있다. 먼저 '긴염불(염불타령)'과 '반염불', '굿거리'와 '자진 굿거리'는 느림-빠름의 형태로 짝을 이루어 구성된 곡이라고 할 수 있다. 그리고 '느린허튼타령', '중허튼타령', '자진허튼타령' 3곡은 탈춤의 반주음악으로 잘 알려진 곡으로 곡의 속도가 점차 빨라지면서 가락이 변하는 세 단락으로 구분하여 나누어졌다. 그리고 마지막 '당악'은 주로 한강 이북 지역의 굿 음악으로 무당이 신이 올라 빠른 '덩덕궁' 장단에 뛰며 춤을 출 때 맞추어 연주하는 음악이다.[80] 따라서 대풍류는 음악의 정서 기반이 서로 다른 음악이 한데 묶여 있는 모음곡의 형식을 취하고 있어 전체적인 분위기나 흐름은 맥을 함께하나 모음곡만의 매력이 돋보인다.[81]

3) 장홍심류 바라승무의 반주음악

본 고에서 다룰 반주음악의 실제는 장홍심 바라승무의 전승자인 이성자로부터 제공받은 반주 음원으로 논의한다. 전체 길이는 11분 5초 정도이며 이 음원은 장홍심 때부터 사용하였다고 진술해주었다.

악기편성은 피리, 대금, 해금, 소아쟁, 대아쟁, 장고로 구성되어 있고 악곡의 정보는 앨범으로 발매된 적이 없음에 연주자의 정보나 상황에서 인터뷰 면담으로 음악의 실체에 접근하였는데 선행연구[82]에 의하면 이성자와 민속음악 연주자의 명인 이생강[83]에 의하면 바라승무 음악에서 피리에는 김광식, 해금에는 지영희, 대금은 이생강, 소아쟁은 윤윤석, 대아쟁은 성금연, 장고는 이정업이 연주하였으며, 대풍류가 끝나고 연주되는 태평소는 이충선이 연주한 것으로 사료된다고 밝혀주었다.

대풍류의 음악 중 '경기 대풍류'의 연주 순서를 따르고 있는 장홍심류 바라승무의 악곡별 장단을 정리하면 아래와 같다.

표 5. 장흥심류 바라승무 반주악곡별 장단 수⟨84⟩

순서	과장	악곡 명		장단 수	템 포
1	염불	긴염불(염불타령)		15	♩. = 30
2		반염불(자진염불)		8	♩. = 90
3	타령	느린 허튼타령		20	♩. = 53
4		자진 허튼타령		6	♩. = 110
5	굿거리	느린 굿거리		24	♩. = 55
6		자진 굿거리		8	♩. = 115
7	바라춤	태평소 능게	자진 굿거리	54	♩. = 93
			굿거리	5	♩. = 50

(1) 긴염불

긴염불은 '염불타령(念佛打令)'이라고도 하는데 ⟨악보 1⟩과 같이 3분박 6박(6/♩. 또는 18/8)의 도드리장단을 사용한다. 이 곡은 바라승무에서 가장 느린 곡으로 총 15 장단이 연주된다.

⟨악보 1⟩ 긴염불의 도드리장단 기본형

바라승무에 사용된 '긴염불'의 특징을 살펴보면 첫째, 연음기법이 나타난다는 것이다. 전통음악 중 관악기가 중심이 되는 합주곡의 느린 음악에서 연음(連音)기법이 공통적으로 나타나는데, 이는 호흡량이 많이 필요한 피리가 잠시 연주를 쉬는 동안 대금·해금·소금·아쟁 등의 악기가 주선율을 이어 연주하는 기법이다. 따라서 느린 도드리장단을 사용하는 '긴염불'에서도 이 기법이 나타나고 있다.

둘째는 바라승무 악곡의 연주 속도가 다른 승무의 연주속도와 확연한 차이를 보인다는 것이다. 보통 승무의 반주나 기악 합주곡에서 '긴염불'은 ♩.= 20bpm 정도로 느리게 연주되는데 장흥심류 바라승무는 '긴염불'을 ♩.= 30bpm 정도의 속도로 빠르게 연주하는 특징을 지닌다.

(2) 반염불

'반염불'은 앞 곡인 '긴염불'의 가락을 덜고 속도를 빨리하여 연주하는 곡으로 '긴염불'과 같이 3분박 6박의 도드리장단을 사용하며 기본 장단형은 다음의 〈악보 2〉와 같다.

〈악보 2〉 반염불의 도드리장단 기본형

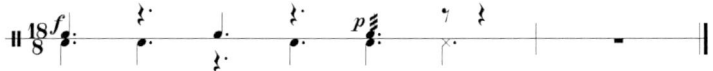

바라승무에서 '반염불'은 총 8장단이 연주된다. 보통 이 곡은 '긴염불'의 3배정도 빠른 템포로 연주되는데, 바라승무에서 '긴염불'을 빨리 연주하기 때문에 뒤에 이어지는 악곡의 속도도 자연스럽게 같이 빨라져 ♩.= 90bpm 정도의 속도로 연주된다. 또한 이 곡은 '긴염불'과 '긴-자진' 형태의 짝을 이루는 곡이다.

(3) 느린허튼타령

세 번째 곡인 '느린허튼타령'은 '자진허튼타령'과 한 세트를 이루는 곡으로 '느린허튼타령'은 〈악보 3〉과 같이 3분박 4박(4/♩ 또는 12/8)의 타령장단으로 연주되며 바라승무에서는 총 20장단을 연주한다.

〈악보 3〉 느린허튼타령의 타령장단 기본형

(4) 자진허튼타령

'자진허튼타령은' 〈악보 4〉와 같이 3분박 4박(4/♩. 또는 12/8)의 자진타령장단을 사용하며 총 6장단이 연주된다. 악보 상으로만 본다면 타령장단과 자진타령장단의 기보가 비슷해 보이지만 자진 타령장단은 타령장단을 몰아치는 장단으로 약 2배 정도 빠르게 연주된다.

〈악보 4〉 자진허튼타령의 자진타령장단 기본형

바라승무에서 '자진허튼타령'은 기악합주 대풍류에 비해 그 길이가 매우 짧다. 기악합주에서는 '느린허튼타령'을 12장단, '자진허튼타령' 24장단을 연주하는데, 바라승무는 '느린허튼타령'을 23장단으로 2배 가까이 길게 연주하고, 반면 '자진허튼타령'을 6장단만 연주하여 상대적으로 짧게 지나가는 흐름을 보인다.

(5) 느린굿거리

바라승무의 굿거리과장에서 연주되는 '느린굿거리'는 3소박 4박(4/♩. 또는 12/8)의 굿거리장단을 사용하며 〈악보 5〉와 같다. 바라승무에서 '느린굿거리'는 총 24장단을 연주하는데, 기악합주 대풍류와 비교했을 때 2배 가까이 길게 연주된다. 굿거리장단은 승무뿐만 아니라 양주산대도감놀이와 봉산탈춤 등 각종 연희 반주음악에도 널리 쓰인다.

〈악보 5〉 느린굿거리의 굿거리장단 기본형

(6) 자진굿거리

'자진굿거리는' 굿거리를 빨리 몰아 연주하는 곡으로 3소박 4박(4/♩ 또는 12/8)의 자진굿거리 장단을 사용하며 바라승무에서 총 8장단이 연주된다. 자진굿거리의 기본 장단형은 〈악보 6〉과 같다. '자진굿거리'는 앞서 연주된 '느린굿거리'와 한 짝을 이루는 곡으로 바라승무에는 '휘모리(당악)'이 없기에 이 곡이 바라승무에서 가장 빠른 곡이다.

〈악보 6〉 자진굿거리의 장단 기본형

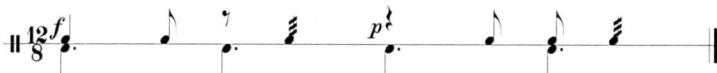

(4) 태평소 '능게가락'

바라승무에서 마지막을 장식하는 음악부분인 '능게가락'은 흔히 연주자들에게 사용하는 용어이다. 특히, 태평소 연주자(피리)들에게 익숙한 가락이며 즉흥적인 선율을 주된 음악적 진행으로 삼는다. 마치 시나위와 같은 자연스러운 가락의 이어짐을 의미한다. 솔-라-도-레-미의 경토리 구성으로 서울·경기지방의 굿에서 사용하였던 창부타령의 가락을 변주하여 사용하기도 한다.

일반적으로 기악 대풍류에서는 이 부분을 붙여 연주하지는 않지만 장홍심의 춤 구성상 북을 쳐야하는 부분에서 이색적으로 태평소의 연주부분을 첨가하였다. 일반적인 승무의 구성을 따르게 악기의 사용을 다르게 한 것으로 장홍심류 특유의 미학적 측면이 돋보이는 부분이라 할 수 있다.

바라승무에서 태평소가 등장하는 이유는 크게 세 가지로 볼 수 있다. 첫째는 바라승무가 불교적 색채를 깊이 띠고 있는 악기라는 점이다. 태평소는 불교의식에서 행해지는 불교 무용인 작법(作法)의 반주악기로 사용된다.⟨85⟩ 특히 불가에서 바라춤의 반주음악으로 '능게'를 연주한다는 점도 바라승무와 연관 지을 수 있다.

둘째는 바라의 소리가 크기 때문에 상대적으로 음량이 큰 태평소를 사용했다는 점이다. 무용반주에 태평소가 사용되는 경우는 매우 흔하다. 특히 소품으로 사용되는 악기들이 형체적으로 크거나 장구나 북 따위처럼 소리가 크기 때문이다. 이러한 맥락에서 바라승무에서도 바라의 소리가 크기 때문에 그에 어울려 조화를 이룰 수 있는 태평소를 사용했을 가능성이 농후하다.

셋째, 작품구성의 독창성에 일조한다는 점이다. 바라승무에서 연주되는 태평소 '능게'는 '자진 굿거리' 54장단과 '굿거리' 5장단이 연주된다. 기존 대풍류에서 가장 빠른 '당악'이 연주되고 긴장감을 이완시키기 위해 '느린 굿거리' 3장단을 연주하는 것처럼 바라승무도 마찬가지로 태평소의 빠른 가락으로 절정에 이른 바라춤은 '느린 굿거리'의 부분을 통해 다시 긴장되었던 분위기를 이완시키고 작품을 종결시키는 역할을 더한다. 또한 무용 감상자들의 청각적 예술경험을 제공하고 기존의 승무의 작품구성에서 바라승무만의 독창적인 악기구성을 돋보여주기 위함이 아닌가 사료된다.

장흥심류 바라승무 반주음악의 악보⟨86⟩는 다음과 같다.

〈악보 7〉 장흥심류 바라승무 반주음악 악보

염불

염불

반염불(자진염불)

II. 바라승무의 구성형식

느린허튼

바라승무 哖囉僧舞

자진허튼

느린굿거리

자진 굿거리

　자진 굿거리 이후 태평소 능계가락이 이어지는데, 이 때 바라의 연주시간은 2분 남짓 진행된다. 첫 타점은 대체로 자진모리의 기본장단이며 사위와 자연스럽게 연결된다. 주된 리듬형은 자진모리의 기본형인 3소박 4박 장단의 한 박씩 ♩.+♩.+♩.+♩.으로 나누어치는 경우가 가장 많이 나타난다. 이후 ♩.+♩.+♩♪(혹은 ♪♩)+♩.로 장단감을 살려 연주한다.

4) 장흥심류 바라승무의 반주음악 특징

　장흥심류 바라승무는 승무를 춘 후 바라춤을 추는 춤으로 기존의 북 연주 대신 바라를 연주하는데 그 특색이 있다.

　첫째, 악곡의 구성이 기존의 승무와 차이를 나타낸다는 점이다. 바라승무의 반주음악은 기존 대풍류 9곡 중 '삼현타령'과 '중허튼타령' 그리고 '당악'이 제외되어 연주된다. 이로 인해 각 과장별 음악이 완벽하게 느리고 빠름의 한 세트로 연결된 '긴-자진'형태를 나타낸다. 또한 악곡의 장단 수를 보면 '긴'에 해당되는 느린 곡의 장단 수가 현저히 많고 '자진'의 형태를 띠는 빠른 곡은 그에 반해 연주되는 장단의 수가 적게 나타난다. 이를 통해 정해진 옴니버스 작품형식에 다채로움을 더해주고 지루함을 탈피하며 신비로움을 지속하는데에 도움을 줄 수 있겠다.

둘째, 바라승무의 과장 중 염불과장에 해당되는 '긴염불'과 '반염불'의 연주 템포가 굉장히 빠르다는 점이다. 이는 바라승무가 첫 곡인 '반염불'의 템포를 한영숙·이매방의 승무와 비교했을 때 선율적인 음악적 진행보다는 리드미컬한 타악기적 악기구성 요소를 강조하기 위함으로 여겨진다.

셋째, 북 연주에 등장하는 '당악'이 빠지고 대신 태평소의 '능게'가 연주된다는 점이다. 바라승무의 핵심은 기존 승무와 달리 태평소의 가락에 바라를 연주하며 춤을 춘다는 것이다. 이는 타악기와 장단감을 능히 잘 다루고 연희할 줄 아는 장홍심의 승무로써 더욱 특별한 악기구성의 편성을 가진다.

3 무보

➜ 준비자세

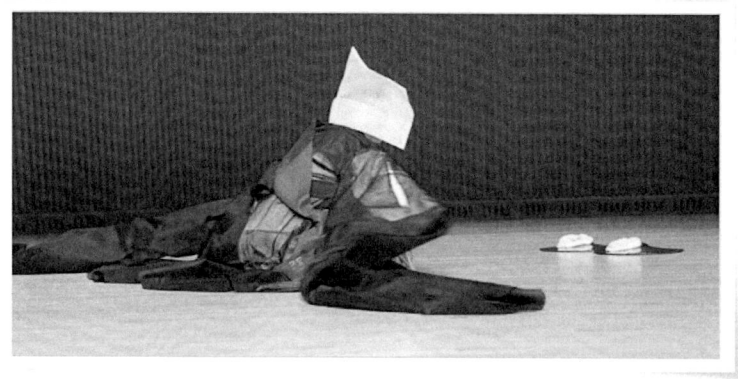

준비자세1:

바라는 무대의 상수 쪽 사선방향으로 엎어(바라손잡이 위) 놓는다.

준비자세2:

바라를 몸 앞에 두고 앉은 상태에서 상체를 앞으로 엎드리면서 장삼자락을 몸 앞으로 쭉 뿌린 후 고개를 숙인다.

1) 긴염불

☑ 1-1 (상체 왼쪽으로 돌리는 사위)

▲ ① 준비자세는 앞으로 엎드린 자세에서 상체를 호흡하며 낮게 든다.

▲ ② 오른쪽 팔꿈치를 바닥에 내려놓으며 왼쪽방향으로 고개를 돌린다.

▲ ③ 상체를 왼쪽을 향하며 시선은 왼쪽 사선으로 바라본다.

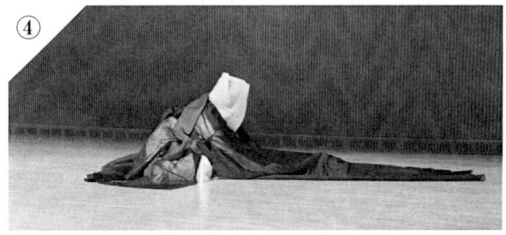

▲ ④ 상체를 왼쪽을 향한 상태에서 시선은 왼쪽 사선으로 멀리 바라본다.

▲ ⑤ 상체를 바로 세우며 앉은 자세를 하면서 몸을 세운다.

▲ ⑥ 앉은 자세에서 다시 상체를 앞으로 숙이며 내려가면서 엎드린다.

☑ 1-2 (상체 오른쪽으로 돌리는 사위)

▲ ① 첫 장단에 바닥에서 상체를 호흡하면서 몸을 낮게 든다.

▲ ② 왼쪽 팔꿈치를 바닥에 내려놓으며 오른쪽방향으로 고개를 돌린다.

▲ ③ 상체를 오른쪽을 향한 상태에서 시선은 오른쪽 사선으로 바라본다.

▲ ④ 상체를 오른쪽을 향한 상태에서 시선은 오른쪽으로 멀리 바라본다.

▲ ⑤ 상체를 앞을 향해 바로 잡아 세우며 바로 앉은 자세를 한다.

▲ ⑥ 바라를 향해 앉은 자세에서 다시 앞으로 상체를 바닥을 향해 다시 엎드린다.

☑ 1-3 (상체를 세웠다가 다시 엎드리는 사위)

▲ ① 천천히 호흡하며 상체를 들며 끌어 올리려는 자세를 취한다.

▲ ② 몸과 머리를 서서히 들어 올리며 두 팔은 몸 앞에 모아놓은 상태이다.

▲ ③ 상체를 서서히 들어 올리며 두팔은 사선으로 북가락 끝은 바닥을 향한다.

▲ ④ 상체를 세우며 약간 뒤로 젖히는 듯 몸을 세워 정면을 본다.

▲ ⑤ 뒤로 상체를 살짝 보내면서 호흡을 올린 후 상체를 천천히 엎드린다.

▲ ⑥ 다시 상체를 바닥으로 향해 엎드린다.

☑ 1-4 (사선으로 뿌리는 사위)

▲ ① 엎드린 자세에서 양 무릎을 세우며 두 팔을 왼쪽 사선방향으로 뿌린다.

▲ ② 오른팔을 뒤로 젖힌 후 오른쪽으로 몸을 돌려 위로 비켜 양손 모은다.

▲ ③ 양손 뿌리며 왼손 어깨에 얹는다.

▲ ④ 양손 비켜 위로 뿌린다.

▲ ⑤ 왼쪽 방향으로 왼팔을 바닥에 내려놓으며 그쪽을 향해 옆으로 길게 눕는 와불 사위를 한다.

▲ ⑥ 오른손을 왼팔 방향으로 뿌리며 옆으로 눕는 사위를 한다.

☑ 1-5 (정면 보면서 엎을 사위)

▲ ① 오른쪽 방향으로 오른손을 젖히며 부린다.

▲ ② 뿌린 오른쪽 장삼을 바로 엎는 한 손 엎을 사위를 한다.

▲ ③ 오른쪽 무릎 세우며 오른쪽 장삼 뒷자락 쳐서 걷어 올린다.

▲ ④ 양손 위로 천천히 올린다.

▲ ⑤ 양손 어깨에 얹으며 서서히 내려 앉을 사위를 한다.

▲ ⑥ 양손 어깨에 얹으며 서서히 내려 앉을 사위를 한다.

☑ 1-6 (전진하면서 뿌릴 사위)

▲ ① 일어서면서 다시 위로 강하게 뿌리며 일어선다.

▲ ② 두 팔을 펴든 상태에서 주저앉는 자세 (두 팔 옆으로 펼친 사위)를 한다.

▲ ③ 양팔을 왼쪽이 낮고 오른쪽이 조금 높은 사선자세로 제자리에 주저앉는다.

▲ ④ 양팔 펴들고 일자로 일어선다.

▲ ⑤ 양손 양옆으로 뿌리며 오른손을 어깨 위에 얹고 왼손 뒤로 감는다.

▲ ⑥ 한발 나가며 다시 양팔을 뿌리며 오른손을 왼쪽 어깨위에 얹는다.

☑ 1-7(사선 뿌릴 사위)

▲ ① 사선방향으로 오른 발 디디며, 오른손은 젖히며 사선 뿌린다.

▲ ② 오른 손 엎어준다.

▲ ③ 왼발들며 왼손 위로 뿌리며 젖힌다.

▲ ④ 호흡 내리면서 굴신한다.

▲ ⑤ 왼발 내려놓으면서 장삼 두 손 왼쪽에 두고 오른쪽으로 천천히 돈다.

▲ ⑥ 오른쪽으로 원으로 돌아 사선방향으로 몸을 돌린다.

☑ 1-8 (양손 뿌려 모아 뒤로 가서 퍼 넘기고 왼손 감기)

▲ ① 첫 장단에 사선방향으로 두 팔을 쭉 뻗으며 뿌린다.

▲ ② 뒤쪽 사선방향으로 가며 두 손 모은다.

▲ ③ 2박에 이어서 사선방향으로 가며 두 손 모은다.

▲ ④ 왼발 뒤 누르고 두 손은 몸 앞을 스치며 경사진 상태로 선다.

▲ ⑤ 첫 박에 몸을 뒤로 젖힌 채 사선으로 양손 뿌려서 왼손이 몸 앞으로 앞뒤 감기를 2번 한다.

▲ ⑥ 양 옆으로 뿌리며 오른손은 왼쪽 어깨위로 뿌려 감는다.

바라승무 哱囉僧舞

☑ 1-9(사선으로 뿌려 엎기)

▲ ① 하나에 왼발 짚고 뛰면서 오른발 사선 앞으로 디디며 오른팔도 젖히며 뿌린다.

▲ ② 둘에 오른팔을 엎으며 바닥에 엎드렸다가 상체 살짝 든다.

▲ ③ 오른쪽으로 고개 돌린다.

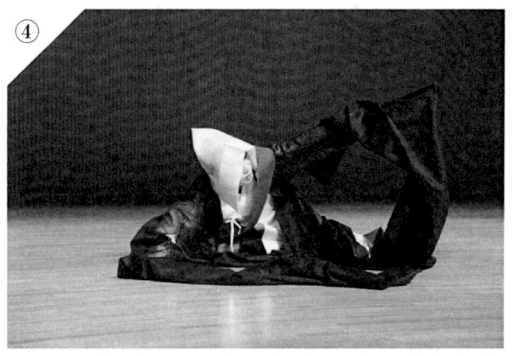

▲ ④ 왼쪽으로 돌리고 왼팔 들면서 서서히 일어서며 왼쪽으로 나간다.

▲ ⑤ 먼 사선 바라보고 왼쪽 보며 왼발 세우고 나간다.

▲ ⑥ 양팔 옆으로 뿌려서 왼손을 오른쪽 어깨에 멘다.

☑ 1-10 (앞 뿌릴 사위)

▲ ① 왼발 나가면서 왼손을 다시 젖히며 앞 뿌린다.

▲ ② 양발 나란히 사선을 바라보고 오른손 왼손 쪽으로 엎어 뿌려 모은다.

▲ ③ 오른발 뒤로 간다.

▲ ④ 오른손을 아래로 내리면서 왼발 뒤로 놓는다.

▲ ⑤ 오른발 겹디딤 하는데 발 끝 을(乙)거리 뒤로 간다.

▲ ⑥ 왼발 겹디딤하고 발 끝 을(乙)거리 뒤로 가며 양손 고깔 뒤로 넘기며 마무리한다.

☑ 1-11 (날개 젖히기)

▲ ① 머리 뒤에서 양팔 양쪽 사선위로 펼치며 날개펴기. 두발은 모은 채로 뒤꿈치 들고 선다.

▲ ② 양 뒤꿈치 바닥에 내려놓으며 오른손 앞으로 감으며 오른발 든다.

▲ ③ 겹디딤하며 오른손 오른발 나오며 장삼 엎는다.

▲ ④ 왼쪽으로 들어서 발과 손을 엎으며 오른손은 뒷장삼을 걷어서 든다.

▲ ⑤ 오른손 위로 원을 그리면서 뿌리며 돌린 후 어깨 매며 왼쪽으로 돈다.

▲ ⑥ 여섯에 왼손도 어깨에 메며 돌아서 뒤 사선 보며 위로 뿌렸다가 왼쪽 어깨에 오른손 얹는다.

☑ 1-12 (뒤로 모을 사위)

▲ ① 오른발 나가며 오른손 앞 사선으로 뿌린다.

▲ ② 오른발 앞에 둔 상태로 겹디딤, 오른손 뒤로 뿌리며 뒤치기 한다.

▲ ③ 왼발 겹디딤하며 나가며 왼팔 아래에서 위로 올리며 오른손을 뒤로 친다.

▲ ④ 사선치기-가세치기- 오른손 위로 쳐올리기를 한다.

▲ ⑤ 나가며 오른손이 위로 온 상태에서 엎고 젖힌다.

▲ ⑥ 양손 앞으로 보냈다가 양손 오른쪽 어깨 뒤로 넘기며 앉아 마무리한다.

2) 반염불

☑ 2-1 (뿌리며 한손 감아 채기)

▲ ① 바라 앞에 앉은 상태에서 왼손부터 앞으로 뿌린다.

▲ ② 오른손 앞으로 뿌려 모은다.

▲ ③ 오른손 앞으로 뿌려 모은다.

▲ ④ 오른쪽 뒤로 돌면서 오른손 뿌린다.

▲ ⑤ 오른쪽 뒤로 돌면서 왼손 뿌린다.

▲ ⑥ 바라를 향해 앉아서 왼손은 오른손을 감아 여민다.

☑ 2-2 (한손씩 뿌리며 한손 감아 채기)

▲ ① 오른손부터 바라 앞으로 뿌린다.

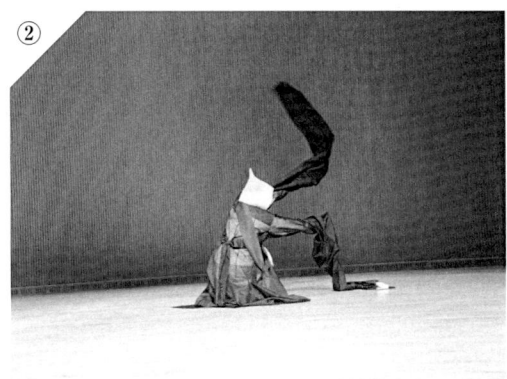

▲ ② 왼손 앞으로 뿌려 모은다.

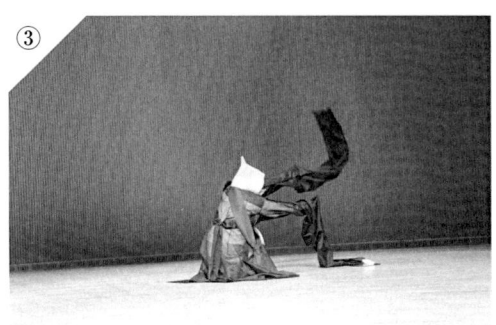

▲ ③ 왼손 앞으로 뿌려 모은다.

▲ ④ 왼쪽 앞으로 돌면서 왼손 뿌린다.

▲ ⑤ 왼쪽 앞으로 돌면서 오른손 뿌린다.

▲ ⑥ 바라를 향해 오른손은 왼손을 감아 앉아 여민다.

☑ 2-3 (양손 어깨 얹고 뿌리며 돌을 사위)

▲ ① 왼손 바라를 향해 뿌린다.

▲ ② 오른손 왼손 쪽으로 뿌린다.

▲ ③ 일어나며 양손 어깨 올려 멘다.

▲ ④ 양손 위로 뿌리며 섰다가 오른쪽으로 돈다.

▲ ⑤ 4박 이어서 연결한다.

▲ ⑥ 바라를 향해 앉는다.

☑ 2-4 (양손 어깨 얹고 뿌리며 돌을 사위)

▲ ① 앉아서 왼손 뿌린다.

▲ ② 오른손 뿌린다.

▲ ③ 양손 어깨 멘다.

▲ ④ 양손 위로 뿌리며 섰다가 왼쪽으로 회전한다.

▲ ⑤ 4박에 이어서 회전한다.

▲ ⑥ 바라를 향해 앉는다.

☑ 2-5 (양손 모아 넘길 사위)

▲ ① 오른손 뿌린다.

▲ ② 왼손 뿌린다.

▲ ③ 오른쪽 어깨 뒤로 넘긴다.

▲ ④ 왼손 뿌린다.

▲ ⑤ 오른손 뿌린다.

▲ ⑥ 양손 왼쪽 어깨로 넘긴다.

☑ 2-6 (양손 모아 왼쪽 넘길 사위)

▲ ① 양손을 모아 던진다.

▲ ② 왼쪽 손, 어깨에서 오른쪽 사선 방향으로 올린다.

▲ ③ 오른손 한손만 안으로 돌린다.

▲ ④ 양손을 모아 던진다.

▲ ⑤ 오른쪽에서 왼쪽 사선으로 올린다.

▲ ⑥ 왼쪽에서 왼손 한손만 안으로 휘돌리기 한다.

3) 느린 허튼타령

☑ 3-1 (양손 뿌리며 뒤가기)

▲ ① 양손 뿌리고 뒤로 가면서 양손을 다시 허리 뒤로 친다.

▲ ② 양손위로 뿌리며 왼손 감는다.
 - 오른 발 뒤로 가며 왼손 몸 앞으로 감으며 앉는다.

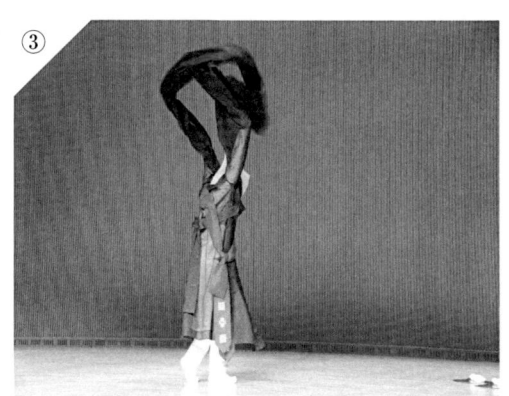

▲ ③ 왼발 뒤로 가며 양손 뿌린다.

▲ ④ 양손 뿌려 오른손 감는다.

☑ 3-2 (앉아서 좌우 어르기)

▲ ① 제자리에서 서서히 앉아서 어른다.

▲ ② 제자리에서 서서히 앉아서 어른다.

▲ ③ 제자리에서 서서히 앉아서 어른다.

▲ ④ 앉아서 어른다.

☑ 3-3 (어르며 일어서기)

▲ ① 제자리에서 어르며 일어난다.

▲ ② 제자리에서 어르며 일어난다.

▲ ③ 제자리에서 어르며 일어난다.

▲ ④ 제자리에서 어르며 일어난다.

☑ 3-4(겹디딤하며 엎고 젖히기)

▲ ① 옆으로 오른발 겹디딤하며 오른손 바깥쪽으로 뿌린다.

▲ ② 오른손 바깥쪽에서 안으로 돌린다.

▲ ③ 왼발에 왼손 뿌려 오른손 위에 얹는다.

▲ ④ 오른발에 오른손 위로 올린다.

☑ 3-5 (왼쪽돌기)

▲ ① 오른팔 위로 세워 젖힌다.

▲ ② 굴신한다.

▲ ③ 왼쪽으로 회전하면서 무릎 핀다.

▲ ④ 왼쪽으로 회전하면서 굴신한다.

☑ 3-6 (정면 바라보며 한손매고 양옆으로 풀어서 아래감기)

▲ ① 사선방향을 향해서 호흡하면서 굴신한다.

▲ ② 왼손 어깨 위로 올린다.

▲ ③ 왼발 앞 사선으로 나가고 오른발 붙이면서 양손 뿌린다.

▲ ④ 양손 맺다가 풀어서 아래 오른손 앞감기 한다.

☑ 3-7 (양옆 가세치기)

▲ ① 오른 발 옆으로 옮기며 양팔 펼치며 옆으로 가기

▲ ② 양손 위로 뿌린다.

▲ ③ 왼발 앞으로 교차로 두고 양손 위에서 내린다.

▲ ④ 오른 손 앞으로 여미면서 옆 가세치기 한다.

☑ 3-8 (가세치며 발 모으기)

▲ ① 오른 발 옆으로 옮기며 양팔 펼치며 옆으로 간다.

▲ ② 양손 위로 뿌린다.

▲ ③ 왼발 앞으로 교차로 두고 양손 위에서 내린다.

▲ ④ 왼발 모으기. 제자리에서 오른손 아래 앞으로 여민다.

☑ 3-9 (사선 뿌려 어깨 멜 사위)

▲ ① 오른발 사선 뒤로 가면서 양손 뿌린다.

▲ ② 뒤를 향해 보면서 오른손 왼쪽 어깨에 멘다.

▲ ③ 오른발 사선 뒤로 가면서 양손 뿌린다.

▲ ④ 뒤를 향해 보면서 오른손 왼쪽 어깨에 메고 정면을 향한다.

☑ 3-10 (학 사위)

▲ ① 양손 앞으로 뿌린다.

▲ ② 장삼 몸 숙인 상태에서 양손으로 걷는 학 자세를 한다.

▲ ③ 장삼을 펼치면서 잔걸음으로 앞으로 나온다.

▲ ④ 무릎 꿇고 앉아 상체를 숙인다.

☑ 3-11 (한손씩 뿌리며 엎드릴 사위)

▲ ① 오른손을 앞으로 보낸다.

▲ ② 오른손을 뿌리면서 엎드린다.

▲ ③ 왼손을 뿌린다.

▲ ④ 왼손을 오른손 장삼위에 겹치면서 엎드린다.

☑ 3-12 (웅크려 어르기)

▲ ① 웅크려 엎드린 자세에서 오른쪽 보고 어른다.

▲ ② 엎드린 자세에서 왼쪽보고 어른다.

▲ ③ 엎드린 자세에서 상체를 살짝 들어올린다.

▲ ④ 들어 올린 상체를 다시 내린다.

☑ 3-13 (일어서며 사선뿌리며 한손 매기)

▲ ① 상체를 세울 준비를 한다.

▲ ② 앉아있는 상태에서 상체만 들어 올린다.

▲ ③ 양손 오른쪽 사선 앞으로 뿌린다.

▲ ④ 왼발세우고 양쪽으로 팔을 벌리며 양손 뿌려 오른손 위로 왼손 가슴앞쪽으로 향한다.

☑ 3-14 (제자리 어르기)

▲ ① 왼발세우고 제자리에서 어른다.

▲ ② 1박에 이어 호흡 내린다.

▲ ③ 상체를 정면 쪽으로 돌리면서 호흡 들이 마신다.

▲ ④ 호흡을 내쉬면서 완전히 정면을 향한다.

☑ 3-15 (어르며 일어서면서 한손 메기)

▲ ① 제자리에서 어른다.

▲ ② 제자리에서 어르면서 일어날 준비한다.

▲ ③ 반 무릎 일어나면서 양손 앞으로 뿌린다.

▲ ④ 완전히 일어나면서 오른손 어깨에 메고 왼손은 겨드랑이안으로 감는다.

☑ 3-16 (연풍대①)

▲ ① 오른손 바깥쪽으로 뿌려서 왼손 위로 서로 포개고 앉는다.

▲ ② 오른손 안으로 감싸며 왼쪽으로 서서히 돈다.

▲ ③ 일어나서 왼손 젖히며 풀고 오른손 어깨매고 왼손 겨드랑이 쪽에 위치한다.

▲ ④ 3박에 이어서 오른손 뿌린다.

☑ 3-17 (연풍대②)

▲ ① 오른손 바깥쪽으로 뿌려서 왼손 위로 서로 포개고 앉는다.

▲ ② 오른손 안으로 감싸며 왼쪽으로 서서히 돈다.

▲ ③ 일어나서 왼손 젖히며 풀고 오른손 어깨매고 왼손 겨드랑이 쪽에 위치한다,

▲ ④ 3박에 이어서 오른손 뿌린다.

☑ 3-18 (연풍대③)

▲ ① 오른손 바깥쪽으로 뿌려서 왼손 위로 서로 포개고 앉는다.

▲ ② 오른손 안으로 감싸며 왼쪽으로 서서히 돈다.

▲ ③ 일어나서 왼손 젖히며 풀고 오른손 어깨매고 왼손 겨드랑이 쪽에 위치한다,

▲ ④ 3박에 이어서 오른손 뿌린다.

☑ 3-19 (연풍대④)

▲ ① 오른손 바깥쪽으로 뿌려서 왼손 위로 서로 포개고 앉는다.

▲ ② 오른손 안으로 감싸며 왼쪽으로 서서히 돈다.

▲ ③ 일어나서 왼손 젖히며 풀고 오른손 어깨매고 왼손 겨드랑이 쪽에 위치한다.

▲ ④ 3박에 이어서 오른손 뿌린다.

☑ 3-20 (한손 장삼 걷으며 바라 향해 가기)

▲ ① 바라를 향해 서서 왼손은 오른쪽 겨드랑이 방향으로 보내고 오른손 장삼 위로 뿌린다.

▲ ② 1박 자세를 유지하고 위로 뿌린 오른손을 뒤로 감싼다.

▲ ③ 오른발, 왼발 짚고 잔걸음으로 바라 방향으로 잔걸음 한다.

▲ ④ 바라를 가까이 가서 앉는다.

4) 자진 허튼타령

☑ 4-1 (뿌리며 오른쪽 뒤넘기기①)

▲ ① 바라를 향해 앉아서 왼손 앞으로 뿌린다.

▲ ② 왼손은 그대로 두고 오른손을 왼손 위에 뿌려서 모은다.

▲ ③ 오른손을 오른쪽 어깨에 올린다.

▲ ④ 왼손을 오른쪽 어깨에 올려 양손을 모은다.

☑ 4-2 (뿌리며 왼쪽 뒤넘기기②)

▲ ① 왼손을 바라 쪽으로 뿌린다.

▲ ② 오른손을 왼손 쪽으로 뿌린다.

▲ ③ 왼손을 왼손 어깨 쪽으로 올린다.

▲ ④ 오른손을 왼쪽 어깨에 올려 양손을 모은다.

☑ 4-3 (양손 넘기기)

▲ ① 1박에 오른손 왼손 연속해서 앞으로 뿌린다.

▲ ② 양손 오른쪽 어깨에 멘다.

▲ ③ 왼손 오른손 연속해서 뿌린다.

▲ ④ 양손 왼쪽 어깨에 멘다.

☑ 4-4 (한손씩 뿌리며 양손 가지런히 앞으로 뿌리기)

▲ ① 오른손 왼손 순으로 바라를 향해 연속해서 뿌린다.

▲ ② 양손으로 뿌린 후 호흡을 눌러준다.

▲ ③ 양손 바라를 향해 뿌린다.

▲ ④ 양손 바라를 향해 뿌리고 모은다.

☑ 4-5 (위로 뿌려 어깨에 양손 얹기)

▲ ① 양손 위로 뿌린다.

▲ ② 양손 위로 뿌린다.

▲ ③ 양손을 어깨에 올린다.

▲ ④ 양손을 어깨에 올린다.

☑ 4-6(제자리 어르기)

▲ ① 어깨에 멘 상태에서 제자리 오른쪽으로 어른다.

▲ ② 왼쪽으로 어른다.

▲ ③ 오른쪽으로 어른다.

▲ ④ 왼쪽으로 어르고 마무리한다.

5) 느린 굿거리

☑ 5-1 (장삼 뿌리며 뒤로 가며 학체)

▲ ① 바라를 향해 양손 앞쪽으로 뿌린다.

▲ ② 두 손 뒤로 해서 장삼 걷어 올린다.

▲ ③ 잔걸음으로 뒤로 걸어간다.

▲ ④ 잔걸음으로 뒤로 가서 멈춘다.

☑ 5-2 (제자리 2박 앞뒤 모둠발)

▲ ① 양손을 뒤로해서 장삼 자리에 놓고 오른발 나간다.

▲ ② 왼발을 오른발에 붙여준다.

▲ ③ 왼발을 뒤로 둔다.

▲ ④ 오른발에 왼발에 붙인다.

☑ 5-3 (2박 걸음)

▲ ① 오른발 바라 쪽으로 나간다.

▲ ② 오른발에 무게 중심 옮긴다.

▲ ③ 왼발이 바라 쪽으로 나간다.

▲ ④ 무게 중심을 왼발로 옮긴다.

☑ 5-4 (1박씩 걸으며 돌아 앞 사선)

▲ ① 1박 걸음으로 오른발 걷는다.

▲ ② 오른쪽으로 살짝 돌면서 왼발 걷는다.

▲ ③ 까치체로 오른쪽으로 돌아 나온다.

▲ ④ 사선을 보고 선다.

☑ 5-5 (2박 전후 모둠발)

▲ ① 바라를 등지고 몸을 사선으로 해서 오른발 나간다.

▲ ② 오른발에 왼발을 붙인다.

▲ ③ 왼발 뒤로 물러난다.

▲ ④ 왼발에 오른발을 붙인다.

☑ 5-6 (제자리에서 한 발 들기)

▲ ① 오른발 뒤꿈치로 찍는다. 이때 굴신도 동시에 이루어진다.

▲ ② 오른발 든다.

▲ ③ 오른발 뒤꿈치로 찍는다. 이때 굴신도 동시에 이루어진다.

▲ ④ 오른발 든다.

☑ 5-7 (장삼 한손 앞으로 엎으며 나가기)

▲ ① 오른 발 겹디딤 나간다.

▲ ② 왼손 뒤에 오른손 앞으로 엎는다.

▲ ③ 왼발 겹디딤 나간다.

▲ ④ 오른손 뒤로 감고 왼손 앞으로 뿌리면서 엎는다.

☑ 5-8 (1발 나가며 엎고 왼쪽으로 돌아 바라 쪽 뒤보기)

▲ ① 한 발 내딛으며 오른손 앞으로 엎는다.

▲ ② 양손위로 올려서 멘다.

▲ ③ 오른쪽으로 돌면서 양손 뿌린다.

▲ ④ 오른손 왼쪽 어깨에 메고 왼손은 허리 뒤에 위치한다.

☑ 5-9 (뒤로 가며 가세치기)

▲ ① 오른발 뒤로 가면서 오른손 앞으로 뿌린다.

▲ ② 오른발 그대로 두고 장삼치기 한다.

▲ ③ 왼발 뒤로 가면서 왼손 앞으로 뿌린다.

▲ ④ 왼발 그대로 놓고 왼쪽 장삼치기 한다.

☑ 5-10 (장삼 치며 뒤로 가기)

▲ ① 오른발 뒤로 가면서 오른손 내려치기 하고 왼손 위로 뿌린다.

▲ ② 왼발 뒤로 가면서 왼손 내려치기하고 오른손 위로 뿌린다.

▲ ③ 오른쪽 앞으로 잔발로 걸어간다.

▲ ④ 잔발로 가면서 오른손 허리 뒤에 두고 왼손 앞으로 엎는다.

☑ 5-11 (한손 쳐서 올리기)

▲ ① 오른손 위 뿌리면서 오른발 찍는다.

▲ ② 호흡하면서 굴신한다.

▲ ③ 왼쪽으로 조금씩 회전하면서 무릎을 핀다.

▲ ④ 호흡을 내쉬면서 무릎 굴신한다.

☑ 5-12 (왼쪽 돌아서 손 풀기)

▲ ① 왼쪽으로 돌아서 사선 정면을 향한다.

▲ ② 양손을 어깨에 멘다.

▲ ③ 왼쪽으로 이동하면서 장삼을 위로 뿌린다.

▲ ④ 오른손 앞으로 감는다.

☑ 5-13 (오른쪽 옆디딤 오른쪽 돌기)

▲ ① 오른발 옆으로 걸어간다.

▲ ② 팔 벌려 어깨 양손 멘다.

▲ ③ 양 어깨에 맨 장삼을 뿌려서 오른쪽 돈다.

▲ ④ 완전히 돌아와서 왼손 감는다.

☑ 5-14 (왼쪽 옆 디딤 회전)

▲ ① 왼쪽 왼발 나가면서 중심 이동한다.

▲ ② 팔 벌려 어깨 양손 멘다.

▲ ③ 양손 뿌리면서 왼쪽으로 회전한다.

▲ ④ 왼쪽으로 회전한 후 왼쪽 옆구리 방향으로 양손을 보낸다.

☑ 5-15 (한손씩 앞으로 곡선으로 엎고 위로 펼칠 사위)

▲ ① 오른발 나가면서 오른손 사선 엎고 돌린다.

▲ ② 왼발 나가면서 왼손 사선 엎고 돌려준다.

▲ ③ 오른발 나가면서 오른손 사선 엎고 돌린다.

▲ ④ 왼발 찍으면서 왼손은 위로 올리기

☑ 5-16 (한팔 들고 회전하기)

▲ ① 왼발 찍어진 상태에서 오른쪽으로 호흡하며 돈다.

▲ ② 왼발 찍어진 상태에서 오른쪽으로 호흡하며 돈다.

▲ ③ 왼발 찍어진 상태에서 오른쪽으로 호흡하며 돈다.

▲ ④ 왼발 찍어진 상태에서 오른쪽으로 호흡하며 돈다.

☑ 5-17 (돌며 한손 메고 양손 위 뿌려 아래로 감아 내리기)

▲ ① 오른발과 오른팔을 뒤로 뺀다.

▲ ② 어깨에 양손을 올려 멘다.

▲ ③ 양손위로 뿌리며 뒤로 잔걸음하면서 간다.

▲ ④ 뿌린 손을 감아준다.

☑ 5-18 (1자 수직 펴기)

▲ ① 하늘 향해 직선 오른손 위 왼손 아래로 사선치기 한다.

▲ ② 양손 사선으로 한 상태에서 굴신한다.

▲ ③ 손은 그대로 사선을 유지하고 무릎을 핀다.

▲ ④ 무릎 굴신한다.

☑ 5-19 (좌회전 동작)

▲ ① 수직으로 사선동작 하고 오른발 찍는다.

▲ ② 수직으로 사선동작 하고 오른발 찍는다.

▲ ③ 왼쪽 회전하면서 양손 어깨에 멘다.

▲ ④ 회전 후 오른손 앞으로 왼손 뒤로 감는다.

☑ 5-20 (오른쪽 옆디딤 오른쪽 돌기)

▲ ① 오른발 옆으로 이동한다.

▲ ② 팔 벌려 어깨 양손 멘다.

▲ ③ 양손 뿌리면서 오른쪽 회전한다.

▲ ④ 회전 후 왼손 앞으로 감는다.

☑ 5-21 (왼쪽 옆디딤 왼쪽 돌기)

▲ ① 왼발 옆으로 이동한다.

▲ ② 팔 벌려 어깨 양손 멘다.

▲ ③ 양손 뿌리면서 왼쪽 회전한다.

▲ ④ 회전 후 오른손 앞으로 감는다.

☑ 5-22 (바라 쪽으로 잔걸음 하기)

▲ ① 양손 앞으로 뿌린다.

▲ ② 양손 뒤로 뿌린다.

▲ ③ 장삼사위하며 바라를 향해 잔걸음하며 간다.

▲ ④ 잔걸음하며 가다가 바라 앞에서 양손 높이 올린다.

6) 자진 굿거리

☑ 6-1 (오른쪽 북채 빼기)

▲ ① 손을 내리면서 오른쪽 북채 뺀다.

▲ ② 오른쪽 북채 뺀다.

▲ ③ 오른쪽 북채 뺀다.

▲ ④ 오른쪽 북채 뺀다.

☑ 6-2 (왼쪽 북채 빼기)

▲ ① 오른손을 내리면서 왼손 올릴 준비 한다.

▲ ② 왼손의 북채를 장삼 안쪽에서 빼서 올린다.

▲ ③ 왼쪽 장삼에서 뺀 북채를 서서히 내린다.

▲ ④ 양손을 가까이 모은다.

☑ 6-3 (양손으로 북채 올리기)

▲ ① 양손으로 북채를 잡아서 머리 위로 올린다.

▲ ② 양손으로 북채를 잡아서 머리 위로 올린다.

▲ ③ 양손으로 북채를 잡아서 머리 위로 올린다.

▲ ④ 양손으로 북채를 잡아서 머리 위로 올린다.

☑ 6-4 (북채 내려놓기)

▲ ① 양손으로 북채를 들어올린다.

▲ ② 바라쪽으로 가까이 다다가 북채를 내린다.

▲ ③ 2박에 이어서 북채를 천천히 내린다.

▲ ④ 북채를 완전히 내린 후 바라 옆에 놓아둔다.

☑ 6-5 (장삼 잡기)

▲ ① 오른쪽 장삼부터 잡아서 올린다.

▲ ② 왼쪽 장삼도 잡아서 올린다.

▲ ③ 양쪽으로 벌리면서 균형에 맞도록 한다.

▲ ④ 양쪽 장삼을 완전히 들어 올린다.

☑ 6-6(뒤로 장삼 모으기)

▲ ① 양 손의 장삼을 천천히 뒤로 보낸다.

▲ ② 장삼을 허리 뒤쪽으로 보낸다.

▲ ③ 허리 뒤로 보낸 후 천천히 모은다.

▲ ④ 장삼을 완전히 모아준다.

☑ 6-7(장삼을 뒤로 묶기)

▲ ① 허리 뒤로 보낸 장삼을 모아준다.

▲ ② 장삼을 묶는다.

▲ ③ 장삼을 묶는다.

▲ ④ 장삼을 완전히 묶은 후 옆으로 든다.

☑ 6-8 (묶은 장삼을 양쪽 잡고 어르기)

▲ ① 묶은 장삼을 옆으로 벌려 든다.

▲ ② 장삼을 들고 좌우세한다.

▲ ③ 장삼을 들고 좌우세한다.

▲ ④ 장삼을 들고 좌우세한다.

☑ 6-9 (양손 장삼 내려놓기)

▲ ① 장삼을 내려놓는다.

▲ ② 장삼을 내려놓는다.

▲ ③ 장삼을 내려놓는다.

▲ ④ 장삼을 내려놓는다.

☑ 6-10 (오른손 바라손목 끼우기)

▲ ① 오른손 바라끈에 손을 넣는다.

▲ ② 오른손 바라끈에 손을 넣는다.

▲ ③ 바라끈에 손을 넣고 손목을 돌려 잡는다.

▲ ④ 바라끈에 손을 넣고 손목을 돌려 잡는다.

☑ 6-11 (왼손 바라손목 끼우기)

①
▲ ① 왼손을 바라끈에 넣는다.

②
▲ ② 왼손을 바라끈에 넣는다.

③
▲ ③ 바라끈에 손을 넣고 손목을 돌려 잡는다.

④
▲ ④ 바라끈에 손을 넣고 손목을 돌려 잡는다.

☑ 6-12 (어르면서 앉은 자세로 일어나기)

▲ ① 바라를 잡은 상태로 좌우세한다.

▲ ② 천천히 앉아 있는 상태로 상체만 들어 올린다.

▲ ③ 좌우세 하면서 몸을 일으킨다.

▲ ④ 상체를 완전히 들어준다.

☑ 6-13 (양손 합장하고 위에서 내려 모아오기)

▲ ① 바라를 들어올린다.

▲ ② 바라를 들어 올린다.

▲ ③ 바라를 이마 위치까지 올린다.

▲ ④ 바라를 모아 합장한다.

Ⅱ. 바라승무의 구성형식 _ 6) 자진 굿거리

7) 자진 굿거리(바라춤)

☑ 7-1 (밀어서 바라치기)

▲ ① 바라를 밀어 올리면서 1박 치기

▲ ② 바라를 밀어 올리면서 1박 치기

▲ ③ 바라를 밀어 올리면서 1박 치기

▲ ④ 바라를 밀어 올리면서 1박 치기

☑ 7-2 (밀어서 바라치기)

▲ ① 바라를 밀어 내리면서 1박 치기

▲ ② 바라를 밀어 내리면서 1박 치기

▲ ③ 바라를 밀어 내리면서 1박 치기

▲ ④ 바라를 밀어 내리면서 1박 치기

☑ 7-3(바라 올리면서 치기)

▲ ① 바라를 위로 올리면서 1박친다.

▲ ② 바라를 올리면서 1박친다.

▲ ③ 바라를 올리면서 3박과 4박을 연속 친다.

▲ ④ 바라를 올리면서 3박과 4박을 연속 친다.

☑ 7-4 (바라 내리면서 치기)

▲ ① 바라를 내리면서 1박 친다.

▲ ② 바라를 내리면서 1박 친다.

▲ ③ 바라를 내리면서 3박과 4박을 연속 친다.

▲ ④ 바라를 내리면서 3박과 4박을 연속 친다.

Ⅱ. 바라승무의 구성형식 _ 7) 자진 굿거리(바라춤)

☑ 7-5 (사선으로 비벼서 오른쪽으로 올라가기)

▲ ① 바라를 내린 상태에서 오른쪽 사선으로 몸의 방향을 틀고 바라를 1박 비껴서 친다.

▲ ② 바라를 오른쪽 사선으로 조금식 올리면서 1박 친다.

▲ ③ 무릎을 서서히 피면서 바라를 1박 비껴 친다.

▲ ④ 무릎을 완전히 피면서 바라 1박 친다.

☑ 7-6 (오른손 밖으로 돌리면서 내려오기)

▲ ① 오른손을 밖으로 돌리면서 내려온다.

▲ ② 오른손을 밖으로 돌리면서 내려온다.

▲ ③ 오른손을 밖으로 돌리면서 내려온다.

▲ ④ 오른손을 밖으로 돌리면서 내려온다.

☑ 7-7 (왼쪽 사선 바깥으로 비비면서 올리기)

▲ ① 왼쪽 사선 바깥쪽으로 몸을 돌려 바라 1박 친다.

▲ ② 바라를 비비듯이 사선방향으로 1박 친다.

▲ ③ 무릎을 서서히 피면서 왼쪽으로 바라 1박친다.

▲ ④ 무릎을 완전히 피면서 바라 1박친다.

☑ 7-8 (왼손을 아래로 비벼 돌리면서 내려오기)

▲ ① 왼손을 바깥으로 돌리듯이 하면서 바라 1박 친다.

▲ ② 바라를 치면서 내려온다.

▲ ③ 무릎을 서서히 내리면서 1박 친다.

▲ ④ 사선에서 완전히 내리면서 1박 친다.

☑ 7-9(오른쪽으로 한 바퀴 돌리기)

▲ ① 바라를 위아래 합쳐서 1박 친다.

▲ ② 왼손이 위인 채로 오른쪽으로 돌린다.

▲ ③ 오른쪽으로 바라를 돌린다.

▲ ④ 바라를 돌리면서 머리 위까지 올린다.

☑ 7-10 (바라 돌려서 밀기)

▲ ① 오른쪽에서 왼쪽으로 돌린다.

▲ ② 바라가 옆으로 향한다.

▲ ③ 왼쪽에서 오른쪽으로 바라를 돌린다.

▲ ④ 오른쪽 위로 바라를 향하게 한다.

☑ 7-11 (바라 왼쪽으로 돌리기)

▲ ① 오른쪽을 향해서 첫 박에 민다.

▲ ② 왼쪽으로 한바퀴 돌리는 과정으로 아래에 향한다.

▲ ③ 왼쪽 옆을 향한다.

▲ ④ 바라를 돌리는 중간 단계로 머리 위에 위치한다.

☑ 7-12 (다시 왼쪽 방향으로 손을 뻗어 밀기)

▲ ① 오른쪽 밑을 향해 바라를 돌린다.

▲ ② 오른쪽 밑을 향해 바라를 돌린다.

▲ ③ 왼쪽으로 손을 올린다.

▲ ④ 왼쪽 방향으로 손을 뻗어 밀어낸다.

☑ 7-13 (바라 위아래 돌리기)

▲ ① 작은 원 형태를 그리며 오른 손 위, 왼손 아래로 돌린다.

▲ ② 작은 원 형태를 그리며 오른 손 위, 왼손 아래로 돌린다.

▲ ③ 작은 원 형태를 그리며 왼손 위, 오른손 아래로 돌린다.

▲ ④ 작은 원 형태를 그리며 왼손 위, 오른손 아래로 돌린다.

☑ 7-14 (바라 위아래 돌리기)

▲ ① 작은 원 형태를 그리며 오른 손 위, 왼 손 아래로 돌린다.

▲ ② 작은 원 형태를 그리며 오른 손 위, 왼 손 아래로 돌린다.

▲ ③ 작은 원 형태를 그리며 왼손 위, 오른 손 아래로 돌린다.

▲ ④ 작은 원 형태를 그리며 오른 손 위, 왼 손 아래로 돌린다.

☑ 7-15 (바라 위아래 돌리기)

▲ ① 큰 원 형태를 그리며 오른 손 위, 왼손 아래로 돌린다.

▲ ② 큰 원 형태를 그리며 오른 손 위, 왼손 아래로 돌린다.

▲ ③ 큰 원 형태를 그리며 왼손 위, 오른손 아래로 돌린다.

▲ ④ 큰 원 형태를 그리며 왼손 위, 오른손 아래로 돌린다.

☑ 7-16 (바라 위아래 돌리기)

▲ ① 큰 원 형태를 그리며 오른 손 위, 왼손 아래로 돌린다.

▲ ② 큰 원 형태를 그리며 오른 손 위, 왼손 아래로 돌린다.

▲ ③ 큰 원 형태를 그리며 왼손 위, 오른손 아래로 돌린다.

▲ ④ 큰 원 형태를 그리며 왼손 위, 오른손 아래로 돌린다.

☑ 7-17 (양손 모아치기)

▲ ① 바라를 아래로 내려서 1박 친다.

▲ ② 천천히 바라를 머리 위쪽으로 올린다.

▲ ③ 천천히 바라를 머리 위쪽으로 올린다.

▲ ④ 천천히 바라를 머리 위쪽으로 올린다.

☑ 7-18 (바라 옆으로 들기)

▲ ① 머리 위쪽의 바라를 천천히 옆으로 내린다.

▲ ② 바라를 천천히 옆으로 내린다.

▲ ③ 바라를 천천히 옆으로 내린다.

▲ ④ 바라를 천천히 옆으로 내려 멈춘다.

☑ 7-19(양팔 벌린 후 어르기)

▲ ① 오른쪽 무릎 손을 양옆으로 한다.

▲ ② 1박과 동일하며 좌우세한다.

▲ ③ 손 옆으로 하고 좌우세 한다.

▲ ④ 손 옆으로 하고 좌우세 한다.

☑ 7-20 (바라 하늘 보며 어르고 일어서기)

▲ ① 손은 옆으로 해서 바라를 들고 서서히 일어난다.

▲ ② 손은 옆으로 해서 바라를 들고 서서히 일어난다.

▲ ③ 제자리에서 일어나면서 바라는 위로 높이 든다.

▲ ④ 제자리에서 일어나면서 바라는 위로 높이 든다.

☑ 7-21 (왼쪽 회전하기)

▲ ① 바라를 높이든 상태로 오른발 찍는다.

▲ ② 굴신하면서 왼쪽으로 약간 회전한다.

▲ ③ 계속해서 왼쪽으로 회전하면서 오른발 찍는다.

▲ ④ 완전히 돌아와서 오른쪽 사선 앞을 향해 선다.

☑ 7-22 (잔발 하면서 팔 내리고 정면 오른손이 앞으로 감아 제자리)

▲ ① 오른쪽 사선방향을 향해서 몸을 돌린 상태로 바라를 천천히 내린다.

▲ ② 잔걸음으로 무대 중앙까지 걸어간다.

▲ ③ 바라를 내리면서 무대 중앙까지 간다.

▲ ④ 중앙에 도착하고 오른손 앞, 왼손 뒤로 한다.

☑ 7-23 (S자형 우회전)

▲ ① 오른쪽 회전동작, 오른발 나가면서 왼손 위, 오른손 등 뒤로 향하게 한다.

▲ ② 오른쪽 회전동작, 오른발 나가면서 왼손 위, 오른손 등 뒤로 향하게 한다.

▲ ③ 왼발 오른쪽으로 회전하면서 놓고 오른손 위, 왼손 뒤를 향한다.

▲ ④ 왼발 오른쪽으로 회전하면서 놓고 오른손 위, 왼손 뒤를 향한다.

☑ 7-24 (S자형 우회전)

▲ ① 7-23 동작에 이어서 진행한다. 오른발 나가면서 왼손 위, 오른손 등 뒤로 향하게 한다.

▲ ② 오른발 나가면서 왼손 위, 오른손 등 뒤로 향하게 한다.

▲ ③ 왼발 오른쪽으로 회전하면서 놓고 오른손 위, 왼손 뒤를 향한다.

▲ ④ 왼발 오른쪽으로 회전하면서 정면으로 몸을 돌리고 오른손 위, 왼손 뒤를 향한다.

☑ 7-25 (S자형 좌회전)

▲ ① 왼쪽 회전동작, 오른발 나가면서 왼손 위, 오른손 등 뒤로 향하게 한다.

▲ ② 오른발 나가면서 왼손 위, 오른손 등 뒤로 향하게 한다.

▲ ③ 왼발 왼쪽으로 회전하면서 놓고 오른손 위, 왼손 뒤를 향한다.

▲ ④ 왼발 왼쪽으로 회전하면서 놓고 오른손 위, 왼손 뒤를 향한다.

☑ 7-26 (S자형 좌회전)

▲ ① 오른발 나가면서 왼손 위, 오른손 등 뒤로 향하게 한다.

▲ ② 오른발 나가면서 왼손 위, 오른손 등 뒤로 향하게 한다.

▲ ③ 정면을 향해 몸을 돌린다.

▲ ④ 바라를 내려서 하늘 받치기 한다.

☑ 7-27(오른쪽 바라 털기)

▲ ① 바라 1박에 치고 오른발 옆으로 디딘다.

▲ ② 왼발 모아 붙인다.

▲ ③ 바라 1박치고 무릎 핀다.

▲ ④ 제자리 굴신한다.

☑ 7-28(왼쪽 바라 털기)

▲ ① 바라 1박에 치고 왼발 옆으로 디딘다.

▲ ② 오른발 모아 붙인다.

▲ ③ 바라 1박치고 무릎 핀다.

▲ ④ 제자리 굴신한다.

☑ 7-29 (앞으로 나가며 바라 털기)

▲ ① 바라를 치면서 오른발 앞으로 나간다.

▲ ② 왼발 오른발에 붙인다.

▲ ③ 바라를 치면서 다리모아 무릎 핀다.

▲ ④ 굴신한다.

☑ 7-30 (바라 엎기)

▲ ① 바라 치면서 왼발 뒤로 해서 물러난다.

▲ ② 오른발 붙인다.

▲ ③ 뒤로 물러나면서 바라를 들어 올린다.

▲ ④ 바라를 바닥으로 엎는다.

☑ 7-31 (바라 오른쪽 사선으로 벌리기)

▲ ① 오른쪽 사선방향으로 바라 들어 올린다.

▲ ② 바라 들어서 양쪽 벌린다.

▲ ③ 뒤 사선으로 들어온다.

▲ ④ 바라 엎으면서 모은다.

☑ 7-32 (바라 왼쪽 사선으로 벌리기)

▲ ① 왼쪽 사선방향으로 바라 들어 올린다.

▲ ② 바라 들어서 양쪽 벌린다.

▲ ③ 뒤 사선으로 들어온다.

▲ ④ 바라 엎으면서 모은다.

☑ 7-33 (오른쪽으로 크게 원 그리면서 회전하기①)

▲ ① 바라를 1박치고 오른쪽으로 방향을 돌려 오른발 겹디딤한다.

▲ ② 1박 이어서 한다.

▲ ③ 왼발 겹디딤한다.

▲ ④ 3박에 이어서 겹디딤 연결하고 바라는 높이 올린다.

☑ 7-34 (오른쪽으로 크게 원 그리면서 회전하기②)

▲ ① 7-33에 이어서 한다. 동작은 동일하고 오른발 앞으로 나간다.

▲ ② 오른발에 이어 왼발 나간다.

▲ ③ 오른발 겹디딤한다.

▲ ④ 3박에 이어서 하면서 정면으로 몸을 돌린다.

☑ 7-35 (왼쪽으로 크게 원 그리면서 회전하기①)

▲ ① 바라를 1박치고 왼쪽으로 방향을 돌려 오른발 겹디딤한다.

▲ ② 1박 이어서 한다.

▲ ③ 오른발 겹디딤한다.

▲ ④ 3박에 이어서 겹디딤 연결하고 바라는 높이 올린다.

☑ 7-36 (왼쪽으로 크게 원 그리면서 회전하기②)

▲ ① 7-35에 이어서 한다. 동작은 동일하고 왼발 앞으로 나간다.

▲ ② 왼발에 이어 오른발 나간다.

▲ ③ 겹디딤한다.

▲ ④ 3박에 이어서 하고 정면을 향한다.

☑ 7-37 (바라 돌리면서 우회전)

▲ ① 오른발 옆으로 놓는다.

▲ ② 왼발을 오른발에 꼰다.

▲ ③ 꼰 발에 힘을 주고 우회전한다. 이때 바라도 머리위에서 돌려준다.

▲ ④ 회전해서 정면을 향한다.

☑ 7-38 (바라 돌리면서 좌회전)

▲ ① 왼발 옆으로 놓는다.

▲ ② 오른발을 왼발에 꼰다.

▲ ③ 꼰 발에 힘을 주고 좌회전한다. 이때 바라도 머리위에서 돌려준다.

▲ ④ 회전해서 정면을 향한다.

☑ 7-39 (사선 오른쪽으로 방향으로 바라치기)

▲ ① 바라를 몸 앞으로 모아서 1박 치고 짚고 뛴다.

▲ ② 바라를 몸 앞으로 모아서 1박 치고 짚고 뛴다.

▲ ③ 오른발 앞으로 하고 바라를 모아 높이 올린다.

▲ ④ 오른발 앞으로 하고 바라를 모아 높이 올린다.

☑ 7-40 (팔 벌려서 앉기)

▲ ① 오른발 앞으로 한 상태로 바라를 옆으로 천천히 내린다.

▲ ② 오른발 앞으로 한 상태로 바라를 옆으로 천천히 내린다.

▲ ③ 바라를 옆으로 내리면서 반 무릎으로 앉는다.

▲ ④ 바라를 옆으로 내리면서 반 무릎으로 앉는다.

☑ 7-41 (어르며 앉아있기)

▲ ① 오른발 앞으로 해서 앉아서 4박 동안 좌우세한다.

▲ ② 오른발 앞으로 해서 앉아서 4박 동안 좌우세한다.

▲ ③ 오른발 앞으로 해서 앉아서 4박 동안 좌우세한다.

▲ ④ 오른발 앞으로 해서 앉아서 4박 동안 좌우세한다.

☑ 7-42 (손을 위로 올리며 일어나기)

▲ ① 앉아 있는 상태에서 양손을 높이 올리면서 일어난다.

▲ ② 앉아 있는 상태에서 양손을 높이 올리면서 일어난다.

▲ ③ 앉아 있는 상태에서 양손을 높이 올리면서 일어난다.

▲ ④ 앉아 있는 상태에서 양손을 높이 올리면서 일어난다.

☑ 7-43 (바라들면서 우회전)

▲ ① 바라를 높이든 상태에서 왼발 찍는다.

▲ ② 굴신한다.

▲ ③ 우회전하면서 왼발 찍는다.

▲ ④ 굴신한다.

☑ 7-44 (제자리 우회전)

▲ ① 바라를 위로 올린 상태로 원을 그리며 돈다.

▲ ② 바라를 위로 올린 상태로 원을 그리며 돈다.

▲ ③ 바라를 위로 올린 상태로 원을 그리며 돈다.

▲ ④ 바라를 위로 올린 상태로 왼쪽 사선을 바라본다.

☑ 7-45 (왼발 짚고 사선뛰기)

▲ ① 왼발 짚고 뛰어 오른발 앞에 무릎, 사선 왼쪽으로 방향으로 바라 친다.

▲ ② 왼발 짚고 뛰어 오른발 앞에 무릎, 사선 왼쪽으로 방향으로 바라 친다.

▲ ③ 왼발 짚고 뛰어 오른발 앞에 무릎, 사선 왼쪽으로 방향으로 바라 친다.

▲ ④ 왼발 짚고 뛰어 오른발 앞에 무릎, 사선 왼쪽으로 방향으로 바라 친다.

☑ 7-46 (팔 벌려서 앉기)

▲ ① 오른발 앞으로 하고 양팔 벌려 앉는다.

▲ ② 오른발 앞으로 하고 양팔 벌려 앉는다.

▲ ③ 오른발 앞으로 하고 양팔 벌려 앉는다.

▲ ④ 오른발 앞으로 하고 양팔 벌려 앉는다.

☑ 7-47 (양팔 벌려 좌우세하기)

▲ ① 오른발 앞으로 하고 양팔 옆으로 벌린 후 오른쪽 좌우세한다.

▲ ② 오른발 앞으로 하고 양팔 옆으로 벌린 후 오른쪽 좌우세한다.

▲ ③ 오른발 앞으로 하고 양팔 옆으로 벌린 후 왼쪽 좌우세한다.

▲ ④ 오른발 앞으로 하고 양팔 옆으로 벌린 후 왼쪽 좌우세한다.

☑ 7-48 (바라 높이 올리기)

▲ ① 앉아 있는 상태에서 일어나면서 바라를 머리 위로 높이 올린다.

▲ ② 앉아 있는 상태에서 일어나면서 바라를 머리 위로 높이 올린다.

▲ ③ 앉아 있는 상태에서 일어나면서 바라를 머리 위로 높이 올린다.

▲ ④ 앉아 있는 상태에서 일어나면서 바라를 머리 위로 높이 올린다.

☑ 7-49 (왼쪽 방향으로 돌면서 1-2 오른발을 찍고 3-4 오른발을 찍고)

▲ ① 바라를 높이든 상태에서 좌회전을 위해 오른발 찍는다.

▲ ② 1박에 이어서 굴신한다.

▲ ③ 왼쪽으로 우회적 약간 하면서 오른발 찍는다.

▲ ④ 굴신한다.

☑ 7-50 (제자리 좌회전)

▲ ① 바라를 든 상태로 좌회전한다.

▲ ② 바라를 든 상태로 좌회전한다.

▲ ③ 바라를 든 상태로 좌회전한다.

▲ ④ 좌회전 후 정면을 향해 몸을 돌려 오른손 앞으로 감는다.

☑ 7-51 (오른쪽으로 겹디딤하고 회전하기①)

▲ ① 오른쪽으로 돌면서 오른손을 내리고 왼손 올리며 뒤로 겹디딤한다.

▲ ② 오른쪽으로 돌면서 오른손을 내리고 왼손 올리며 뒤로 겹디딤한다.

▲ ③ 오른손 올리고 왼손 내리면서 겹디딤한다.

▲ ④ 오른손 올리고 왼손 내리면서 겹디딤한다.

☑ 7-52 (오른쪽으로 겹디딤하고 회전하기②)

▲ ① 오른쪽으로 돌면서 오른손을 내리고 왼손 올리며 뒤로 겹디딤한다.

▲ ② 오른쪽으로 돌면서 오른손을 내리고 왼손 올리며 뒤로 겹디딤한다.

▲ ③ 정면을 향한다.

▲ ④ 마지막 박에 중앙으로 바라를 내린다.

☑ 7-53 (바라 오른손 들기)

▲ ① 오른발 내밀고 바라를 양 손바닥 앞으로 내민다.

▲ ② 오른발 내밀고 바라를 양 손바닥 앞으로 내민다.

▲ ③ 왼발 뒤로 오른손만 머리위로 올린다.

▲ ④ 왼발 뒤로 오른손만 머리위로 올린다.

☑ 7-54 (바라 왼손 들기)

▲ ① 오른발 내밀고 바라를 양 손바닥 앞으로 내민다.

▲ ② 오른발 내밀고 바라를 양 손바닥 앞으로 내민다.

▲ ③ 오른손은 그대로 두고 왼손만 머리위로 올린다.

▲ ④ 오른손은 그대로 두고 왼손만 머리위로 올린다.

☑ 7-55 (바라 돌리면서 우회전)

▲ ① 오른발 옆으로 놓는다.

▲ ② 왼발을 오른발에 꼰다.

▲ ③ 꼰 발에 힘을 주고 우회전한다. 이때 바라도 머리위에서 돌려준다.

▲ ④ 회전해서 정면을 향한다.

☑ 7-56 (바라 돌리면서 좌회전)

▲ ① 왼발 옆으로 놓는다.

▲ ② 오른발을 왼발에 꼰다.

▲ ③ 꼰 발에 힘을 주고 좌회전한다. 이때 바라도 머리위에서 돌려준다.

▲ ④ 사선방향 잔걸음 앞으로 나옴

8) 굿거리

☑ 8-1 (연풍대①)

▲ ① 왼쪽으로 뛰면서 바라 1박 비껴친다.

▲ ② 바라를 1박 비껴치면서 앉아서 왼쪽으로 돈다.

▲ ③ 바라 2회 치면서 돌다가 일어난다.

▲ ④ 완전히 일어나서 바라 2회 친다.

☑ 8-2 (연풍대 방향으로 걷기)

▲ ① 바라는 양 옆으로 들고 왼발 1박으로 걷는다.

▲ ② 자세는 동일하며 오른발로 걷는다.

▲ ③ 연풍대 방향으로 잔걸음 한다.

▲ ④ 연풍대 방향으로 잔걸음 한다.

☑ 8-3 (연풍대 ②)

▲ ① 왼쪽으로 뛰면서 바라 1박 비껴친다.

▲ ② 바라를 1박 비껴치면서 앉아서 왼쪽으로 돈다.

▲ ③ 바라 2회 치면서 돌다가 일어난다.

▲ ④ 완전히 일어나서 바라 2회 친다.

☑ 8-4 (연풍대 방향으로 걷기)

▲ ① 바라는 양 옆으로 들고 왼발 1박으로 걷는다.

▲ ② 자세는 동일하며 오른발로 걷는다.

▲ ③ 연풍대 방향으로 잔걸음 한다.

▲ ④ 연풍대 방향으로 잔걸음 한다.

☑ 8-5 (연풍대③)

▲ ① 왼쪽으로 뛰면서 바라 1박 비껴 친다.

▲ ② 바라를 1박 비껴 치면서 앉아서 왼쪽으로 돈다.

▲ ③ 바라 2회 치면서 돌다가 일어난다.

▲ ④ 완전히 일어나서 바라 2회 친다.

☑ 8-6 (연풍대 방향으로 걷기)

▲ ① 바라는 양 옆으로 들고 왼발 1박으로 걷는다.

▲ ② 자세는 동일하며 오른발로 걷는다.

▲ ③ 연풍대 방향으로 잔걸음 한다.

▲ ④ 연풍대 방향으로 잔걸음 한다.

☑ 8-7 (연풍대④)

▲ ① 왼쪽으로 뛰면서 바라 1박 비껴친다.

▲ ② 바라를 1박 비껴 치면서 앉아서 왼쪽으로 돈다.

▲ ③ 바라 2회 치면서 돌다가 일어난다.

▲ ④ 완전히 일어나서 바라 2회 친다.

☑ 8-8 (연풍대 방향으로 걷기)

▲ ① 바라는 양 옆으로 들고 왼발 1박으로 걷는다.

▲ ② 자세는 동일하며 오른발로 걷는다.

▲ ③ 제자리에서 좌회전한다.

▲ ④ 제자리에서 좌회전한다.

Ⅱ. 바라승무의 구성형식 _ 8) 굿거리

☑ 8-9 (바라 쳐서 올리기)

▲ ① 오른발 나가면서 왼발 모은다. 이때 바라는 1박에 치면서 올린다.

▲ ② 바라를 모아서 위로 올린다.

▲ ③ 바라를 모아서 위로 올린다.

▲ ④ 바라를 양 옆으로 내린다.

☑ 8-10 (합장하면서 인사)

▲ ① 양 옆에 든 바라를 들어올린다.

▲ ② 앞으로 바라를 내린다.

▲ ③ 바라를 손위에서 돌려서 위로 올린다.

▲ ④ 높이 올린 바라를 합장해서 내려 인사한다.

미주

(1) 윤하영·차수정(2017), 「벽사 정재만류 승무에 담겨진 미적 사유방식과 교육적 의미」, 『한국무용 연구』 35(2), p.78.
(2) 이수정(2023), 「승무의 구성미와 무용미학적 의의」, 고려대학교 대학원 박사학위논문, pp.2-4.
(3) 이병옥, 『류파별 승무의 비교 연구』, 노리, p.225.
(4) 최혜경·박미영(2022), 「승무의 이원성(二元性)에 관한 철학적 고찰」, 『한국무용연구』, 40(1), p.34.
(5) 고경희(2007), 「승무의 미적 특질로서 숭고미」, 『움직임의철학 : 한국체육철학회지』, 15(1), p.231.
(6) 이병옥, 앞의 책, p.233.
(7) 고경희, 위의 논문, pp.228-229.
(8) 권효진(2020), 「이애주 춤의 '생명몸짓'에 관한 연구 : 승무 염불과장을 중심으로」, 성균관대학교 박사학위논문, p.44.
(9) 이수정, 앞의 논문, pp.96-98.
(10) 이병옥, 앞의 책, p.235.
(11) 천이두(1984), 『한의 미학적 윤리적 위상』, 한국문학, p.259.
(12) 이병옥, 위의 책, p.225.
(13) 이병옥, 앞의 책, p.4.
(14) 송미숙(2021), 「장홍심 바라승무의 형성 및 발전에 관한 연구」, 『영남춤학회』, 9(1), p.130.
(15) 전미애(2020), 「장홍심 바라승무의 기원」, 『대한무용학회논문집』, 78(6), p.237.
(16) 김영희(2016), 『전통춤 평론집, 춤풍경』, 보고사, p.85.
(17) 이성자 인터뷰 내용 중, 2020. 8.12.
(18) 노수철(2008), 「張紅心의 생애를 통한 작품 연구-검무 중심으로」, 동양예술 13, p.253.
(19) 『세계일보』 기사에 '11세에 만난 「배씨 할머니」는 신무용의 대부(代父) 조택원씨의 할머니로 당시 70세였다.'라고 서술했으나 조택원의 부인 김문숙선생님의 증언은 달랐다. 조택원의 할아버지는 함흥군수와 함경도 부지사격인 '칙임(勅任) 참여관(參與官)'를 지낸 분이며, 배씨는 함흥교방 소속 예기로 퇴기 후에도 함흥권번 춤사범으로 활동하였으니 정실부인도 아닌데, 함흥군에 소속된 함흥교방의 예기라서 완전된 소문이라고 하였으며, 함흥지방에서는 명기였기에 명성이 있어 이름은 전해져서 '배국희'라고 증언해주었다. 『세계일보』에는 한자로 '한순(閒淳)'으로 쓰여 있어 확실한 한자는 미상이다. 『세계일보』, 1990.8.2. 일자. 한편 제자 이성자는 '장승순'으로 알고 있다.
(20) 이규원(2006), 『우리가 정말 알아야 할 우리의 전통예인 백 사람』 춤-16, 서울: 현암사.
이에 대해 성기숙은 '조택원의 외할머니로만 알려져 있을 뿐, 배씨 할머니와 관련한 자세한 춤 내력을 알 수 없다. 그 당시 권번에서 춤을 지도할 정로라면 추측컨대, 궁중여악출신이거나 아니면 지방교방 관기출신이 아니었나 짐작해볼 분이다.' 성기숙(2004), 「북방의 춤전통 간직한 채 홀연히 떠난 한 서린 춤인생」, 『한국근대무용가 연구』, p.331.
(21) 김영희(2004), 「전통춤꾼 장홍심의 생애와 춤」, 『우리춤의 선구자는 말한다(장홍심편)』, 제20회 한국미래춤학회 학술심포지엄, 2004.11.27. p.240.
(22) 성기숙(1998), 앞의 책, p.33.

⑻ 동아일보, 1938.1.19 기사.
⑼ 김영희(2004), 앞의 논문, p.242.
⑽ 이강선은 7세 때부터 한성준 문하에서 춤을 학습하였고, 문하생 가운데 가장 뛰어나게 춤을 잘 추었다. 더구나 줄광대만이 할 수 있는 마당놀이 줄타기도 배워 연희했던 재주꾼이었다. 후에 금은방을 경영하는 사람과 결혼하여 무용 활동을 그만두었다.
⑾ 노수철, 앞의 논문, p.254.
⑿ 성기숙(1998), 앞의 논문, p.34.
⒀ 김정녀 집필, 『승무·살풀이춤』(서울·경기·충청편), 문화재 관리국 문화재 연구소, 1991, 45쪽. 다른 연구자들은 1945년 4월 고향 함흥으로 돌아간 것으로 기록하고 있으나 필자는 김정녀의 징홍심 면담기록이 맞는다고 보며, 이듬해 함흥태생 이미라가 장홍심으로부터 춤을 배운 사실도 있기 때문이다.
⒁ 노수철(2008), 앞의 논문, p.255.
⒂ 정병호(1995), 『춤추는 최승희』, 뿌리깊은 나무, pp.271-272. 여기에 장홍심의 증언이 수록되어 있다.
⒃ 전미애, 앞의 논문, p.241.
⒄ 김영희(2004), 앞의 논문, p.243.
⒅ 전미애, 위의 논문, p.241.
⒆ 강이문(2001), 『한국무용문화와 전통』, 현대 미학사, pp.113-265.
⒇ 전미애, 앞의 논문, p.242.
(36) 이자균(2006), 「현재 작고한 전통 예술인들 면담 자료」, 『역사민속학』, 22, p.582.
(37) 손상욱(2010), 「장홍심류 바라승무의 춤사위 분석과 특징」, 중앙대학교 대학원 석사학위논문, p.16.
(38) 노수철, 앞의 논문, pp.256-258.
(39) 강이문, 앞의 책, pp.113-265.
(40) 노수철, 앞의 논문, pp.256-258.
(41) 성기숙(1998). 앞의 논문, p.36.
(42) 전미애(2020), 앞의 논문, p.240.
(43) 송성환(2004), 「한성준 승무 춤사위에 대한 고찰 : 강선영·한영숙·이주환 승무 춤사위 비교를 중심으로」, 한국예술종합학교 전통예술원 예술전문사 논문, p.10.
(44) 손상욱, 앞의 논문, pp.19-22.
(45) 성기숙(1998), 앞의 책, p.49.
(46) 김영희(2020), 「20세기 초 승무의 전개와 구성-1920년에서 1945년을 중심으로」, 『국악원논문집』, 42, pp.119-122.
(47) 이미라 구술자료, 2011. 8. 25.
(48) 이자균, 앞의 논문, pp.594-595.
(49) 부산일보, 2016. 11. 20 기사.
(50) 부산일보, 1961. 9. 29 기사.
(51) 강원경제신문, 2018. 10. 21 기사.
(52) 이규원(1995), 『우리가 정말 알아야 할 우리 전통 예인 백 사람』, 서울: 현암사, p.444.
(53) 강원경제신문, 2018. 10. 21 기사.
(54) 성기숙(2004), 앞의 논문, p.33.
(55) 손영이·송미숙(2023), 「장홍심 바라승무의 전승에 따른 춤사위 변화 연구」, 『한국무용연구』, 41(1), pp.182-185.

⟨56⟩ 대한매일신보, 1907. 12. 24 기사.
⟨57⟩ 황성신문, 1908. 5. 28 기사.
⟨58⟩ 김영희(2020), 「20세기 초 승무의 전개와 구성-1920년에서 1945년을 중심으로」, 『국악원논문집』, 42, p.120.
⟨59⟩ 김천흥(1977), 「한성준을 생각함」, 『춤』 1977년 3월호. pp.58-59.
⟨60⟩ 전미애, 앞의 논문, p.247.
⟨61⟩ 이영란(2009), 『역사의 흐름을 통한 한국무용사』, 서울: 블루피쉬, p.99.
⟨62⟩ 김유석(2016), 「한성준의 음악활동 연구」, 서울대학교 대학원 박사학위논문, p.44.
⟨63⟩ 조선일보, 1938, 4, 23 기사.
⟨64⟩ 김영희(2004), 앞의 논문, p.68.
⟨65⟩ 손상욱, 앞의 논문, p.14.
⟨66⟩ 김영희(2004), 위의 논문, p.47.
⟨67⟩ 김영희(2020), 「20세기 초 승무의 전개와 구성-1920년에서 1945년을 중심으로」, 『국악원논문집』, 42, p.135.
⟨68⟩ 동아일보, 1938. 1. 19 기사.
⟨69⟩ 조선일보, 1938. 4. 23 기사.
⟨70⟩ 조선일보(1938. 6. 19)에 기록된 공연종목, 1. 〈바라무(승무)〉 이선 2. 〈한량무〉 박진홍, 홍경숙, 이남호, 조효금 3. 〈검무〉 이선, 장홍심 4. 〈단가무〉 조효옥, 조금향 5. 〈신선악〉 이화은, 최수성, 김총진, 이경옥, 방용현, 김효정, 외 수명 6. 〈상좌무〉 조효금, 김재분, 한입분 7. 〈살풀이춤〉 한영숙, 이춘경, 이선, 장홍심 8. 〈사자무〉 백만금, 한학심, 홍경숙, 한연화 9. 〈학부〉 한성준, 조효금, 한입분 10. 〈태평무〉 이선, 장흥심 11. 〈급제무〉 한성준, 이정업, 방옹규 외 8명 12. 〈농악〉 김재 김광채, 이정업, 이재원, 이충선, 한영숙, 조연옥, 박진홍, 홍경숙, 조금향, 장홍심 13. 〈소경춤〉 박천복, 이정업 14. 〈군로사령부(軍奴使令舞)〉 조금향, 조연옥, 한영숙, 박농옥.
⟨71⟩ 세계일보, 1990. 8. 2 기사.
⟨72⟩ 구희서(1985), 『한국의 명무』, 한국일보사, p.148.
⟨73⟩ 강선영·문애령 좌담, 「한국현대무용사의 인물 강선영」, 『몸』, 1999년 9월호, p.185.
⟨74⟩ 전미애, 앞의 논문, p.240.
⟨75⟩ 성기숙(2004), 앞의 논문, pp.331-332.
⟨76⟩ 성기숙(2004), 앞의 논문, p.335.
⟨77⟩ 매일경제, 1984. 9. 21
⟨78⟩ 박혜리나 김민지(2020). 지영희 무용음악 연구 – 창작음악을 중심으로 우리춤가 가학기술 15(2). pp.80-81.
⟨79⟩ 지영희의 원가락을 박승률이 채보한 『대풍류』(1999)를 바탕으로 함.
⟨80⟩ 김해숙, 백대웅, 최태현(1995), 『전통음악개론』, 민속원, p.105.
⟨81⟩ 박혜리나(2020), 「승무 반주음악의 악곡구성 연구: 한영숙·이매방·장홍심류를 중심으로」, 『국제문화&예술학회』, 1(2), pp.33-40
⟨82⟩ 박혜리나(2020), 「승무 반주음악의 악곡구성 연구: 한영숙·이매방·장홍심류를 중심으로」, 『국제문화&예술학회』, 1(2), pp.33-40
⟨83⟩ 이생강은 1937년 일본에서 태어나 부친으로부터 피리와 태평소 가락을 배웠다. 1945년 부친과 함께 한국으로 돌아와 부산에 정착한 후 한주환을 만나 대금산조 등 본격적인 음악을 배우기 시작하였다. 이생강은 지금까지 수많은 방송, 음반, 공연 무대에서 독주, 합주, 민요 반주, 무용음악 등을 연주하였고 400장

이 넘는 음반과 2000곡 이상을 작곡하였다. 더불어 1970년대부터 지금까지 국악계 무용음악으로서는 독보적인 활약을 한 인물이다.

⟨84⟩ 악곡의 장단 수는 음악의 장단 수를 뜻한다. 박혜리나(2020), 「장흥심류 바라승무」, 『장흥심 바라승무 반주악곡 연구』, 전통예술 복원 및 재현사업 연구발표회, 2020.10.18의 연구를 바탕으로 함.
⟨85⟩ 이용식,
⟨86⟩ 박혜리나(2020), 앞의 연구보고서 진행 당시 연구자가 채보하였던 악보를 제공받음.